6

Intermediate

말하기 쉬운 한국어  6

1판 1쇄 발행 2006년 8월 15일
1판 8쇄 발행 2016년 8월 31일

지은이 성균어학원 한국어교재 편찬위원회
펴낸이 정규상
펴낸곳 성균관대학교 출판부

등록 1975년 5월 21일 제1975-9호
주소 03063 서울특별시 종로구 성균관로 25-2
대표전화 (02) 760-1252~4 팩시밀리 (02) 762-7452
Homepage http://press.skku.edu

값 11,000원

ISBN 978-89-7986-683-4 14710
       978-89-7986-624-7 (전12권 세트)

*잘못된 책은 구입한 곳에서 교환해 드립니다.

6

Intermediate

성균어학원 한국어교재 편찬위원회 | 성균관대학교 출판부

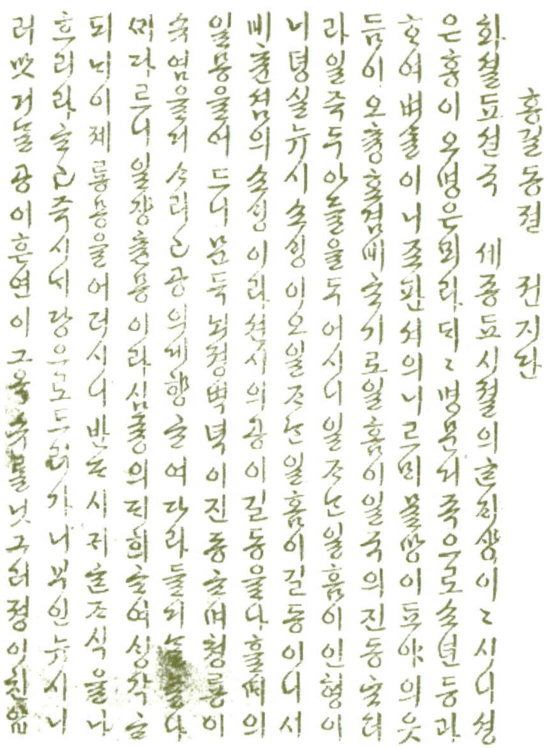

홍길동젼 권지단

화셜됴션국 세종됴시졀의 훈지샹이ㄴ시니셩
은홍이오명은뫼라ᄃᆡ병됴ᄉᆔ쥭으로슐년등과
ᄒᆞ여벼슬이니조샤ᄒᆞ의니르믹ᄲᅳᆯ망이뎍야의웃
듬이오춍훈겸ᄲᅵ슉기로일홈이일국의진동ᄒᆞ더
라일쥭두아ᄃᆞᆯ을두어시니일ᄌᆞ은일홈이인형이
니뎡실뉴시ᄉᆞ싱이오일ᄌᆞ은일홈이길동이니셔
비춘졈의ᄉᆞ싱이라션ᄌᆞ의공이길동을나흘ᄯᆡ의
일몽을어더드니믄득뇌졍벽녁이진동ᄒᆞ며쳥룡이
슉염을ᄯᅴ소라ᄉᆞ공의게ᄒᆡᆼᄒᆞ여다라들거ᄂᆞᆯ놀
머거르니일ᄍᆞᆼ춘몽이라심즁의ᄀᆡ희ᄒᆞ여샹각을
되니이졔룡몽을어더시니반ᄃᆞ시지ᄒᆞᆫ조식을나
후라라ᄒᆞ고즉시니당으로드러가ᄂᆡ부인뉴시니
러ᄯᅥ거ᄂᆞᆯ공이흔연이그옥슈를낫구러졍이ᄒᆞᆫᄀᆞ티

허균(1569~1618)의 소설 『홍길동전』의 첫머리

최근 10여 년 이래 많은 관심과 주목을 받고 있는 한국어 교육은 '세계화'라는 큰 흐름에 일조하면서 많은 양적·질적 성장을 가져왔다. 이에 본 성균어학원도 이러한 사회적 분위기에 발맞추어 끊임없는 자기 개발과 변화를 꾀하며 성장을 거듭하고 있다. 그러나 지금의 한국어 교육에 대한 관심을 지속적으로 발전시키기 위해서는 여러 분야의 많은 관심과 노력이 필요하다. 시류에 편승한 양적 팽창에만 안주할 것이 아니라, 다양해진 외국인 학습자의 교육적 요구와 학습 목적에 부합하는 실용적인 교육을 하고자 노력해야 할 것이다.

성균어학원은 올바른 실용 한국어 교육을 위해 한국어 학습자의 요구를 적절히 담아낸 교재의 개발과 이를 효과적으로 전달하고 교육할 교수 요원의 양성에도 남다른 노력을 경주해 왔다. 학습자의 요구와 목적이 다변화되어 감에 따라, 교재는 끊임없이 변화·발전해야 할 것이다. 예전과 달리 한국어 학습자의 수준이 다양화되었고, 개개의 학습 목표도 구체화되고 세분화된 만큼 학습자 각자의 개성과 요구에 교수 내용과 목표를 맞추는 적극적인 자세가 필요한 때이다.

본 어학원에서는 『배우기 쉬운 한국어(전 6권, 2004년)』에 이어 회화 중심의 교재인 『말하기 쉬운 한국어』에 대한 교재 개발을 완료하였다. 본 교재는 12단계로 세분화한 12권의 텍스트와 각 권의 '듣기·말하기' 기능을 보조할 24장의 CD자료 중 여섯 번째 단계의 결과물이다. 본 교재의 특징은 회화와 활동 위주의 '학습자 중심 교수법'을 맞춤형 교재로 했다는 것이다. 현재 언어 학습의 세계적 추세가 회화 학습을 중심으로 발화의 현장성과 실용성을 추구하는 추세임을 감안할 때, 이 교재는 학습자 상호간의, 그리고 학습자와 교사간의 활동 학습을 통해 '의사소통'을 입체적으로 구사할 수 있도록 했다. 학습자의 교수 목표와 수준, 흥미 및 실용성 등도 반영하여 흥미진진하게 교과 과정을 이수토록 각 단원을 구성하였다.

본 교재의 집필은 외국인 학습자를 다년간 강의하여 한국어 교육 경험이 풍부한 현 성균어학원 교사들이 중심이 되었다. 집필자 개개인은 국어학이나 국문학을 전공하여 전문성을 확보하고 외국 유수 대학에서 다년간의 한국어 교육 경험을 갖고 계신 분들이고, 한국어 교재 개발에 대한 경험자로서 그 중심이 되었기에 보다 신뢰를 더한다고 하겠다.

끝으로 이 교재가 나오기까지 행정적 지원을 아낌없이 해주신 성균어학원 조승현 실장과 조용우 선생, 그리고 성균관대학교 출판부 여러분의 노고에 다시금 감사의 말씀을 전한다.

더불어 외국인에게 한국어를 올바로 가르치기 위한 올바른 교수 요원과 교재의 필요성이 날로 증가하는 요즘, 이 교재가 학습자의 한국어 능력 향상에 실질적인 도움이 되기를 진심으로 바라는 바이다.

2006년 6월

성균어학원장 김동욱

　본 교재는 한국어를 학습하는 외국인에게 보다 효율적으로 '말하기'와 '듣기'를 교육하기 위하여 집필한 회화(會話) 중심의 교재 12권 중 제6권이다. 교재 집필은 한국어를 자연스럽게 말하고 싶어하는 외국인 학습자가 접할 수 있는 상황을 고려하여 현장성을 높였으며, 각 발화 현장에서 나타날 수 있는 생활 회화를 학습자가 스스로 말할 수 있도록 상황 중심으로 구성하였다. 또한 회화 교재의 중심 내용인 듣기와 말하기, 그리고 대화 상대에 따라 달라지는 높임말과 격식체 대화에 역점을 두어 체계적인 한국말을 실생활에서 자신있게 말하고 응용할 수 있도록 했다. 본 교재의 활동은 말하기와 듣기, 듣고 따라하기, 역할 나누어 대화하기, 상황에 맞는 대화하기 등 다양한 참여를 통해 흥미 유발을 돕고 있다.

　본 교재 제6권은 10개의 단원으로 이루어져 있으며, 각 단원은 2개의 단위로 이루어져 총 50시간의 강의를 염두에 두고 구성하였다. 각 단원은 〈도입〉, 〈제1대화〉, 〈발음 연습〉, 〈활동1〉, 〈제2대화〉, 〈듣기 연습〉, 〈활동2〉로 구성되어 있다.

　〈도입〉은 해당 단원에서 학습할 상황과 주제를 학습자 스스로 생각해 내고, 준비하게 하는 역할을 한다. 그러므로 〈도입〉은 학습하고 구성할 대화가 어떠한 상황에서 발화되며 필요한 것인지를 예비하게 하는 기능을 한다.

　〈제1대화〉는 대화 구성에 필요한 단어와 표현을 상황 제시와 그림 등을 통하여 알려주고 학습자가 스스로 적절한 대화를 자유롭게 만들어 가도록 하는 부분이다. 또한 현장에서 발화될 수 있는 대화를 후반에 제시함으로써, 학습자의 선행 활동 이후에 제시된 대화로 점검하고 확인하는 부분이다.

　〈발음 연습〉은 언어 학습에 가장 기본이며 핵심인 발음과 듣기, 말하기를 반복하여 학습하는 부분으로 각 단계에서 반드시 학습해야 할 음운 현상과 발음 등을 듣고 따라하거나 써 봄으로써 그 근본 원리를 이해하는 부분이다. 본 교재에서는 대화 내용 중 학습자가 반드시 알아야 할 부분을 중심으로 연습할 수 있게 하였다.

　〈활동1〉은 〈제1대화〉를 통하여 학습한 내용을 반복과 응용을 통하여 익히고 확인하는 과정이다. 더불어 〈활동〉에서는 학습자 상호 간이나 교사와 학습자 간의 주제에 따른 자유로운 대화가 발현되도록 하여 학습의 효과를 배가하고 학습자의 상황에 따른 실용성을 높이도록 하였다.

〈제2대화〉는 해당 단원의 주제를 심화시키거나 응용하여, 새로운 대화가 가능한 상황을 제시함으로써 보다 차원 높은 대화를 유도한다. 또한 〈제2대화〉에서는 학습자가 구성하는 대화 중에 일상적 표현을 삽입하여 보다 자연스러운 문형을 만들어 내도록 유도하였다.

〈듣기 연습〉은 본문 주제와 관련된 여러 가지 상황을 제시하여 듣도록 하였으며 본문에서 배운 표현이나 단어를 다시 한 번 확인하고 학습하도록 하였다. 또한 자연스러운 대화를 통해 듣기 능력을 향상하도록 구성하였다.
각 듣기 연습에는 CD 트랙 번호가 씌어 있어 학습자가 편리하게 CD를 이용할 수 있도록 하였다.

〈활동2〉도 〈활동1〉과 마찬가지로 〈제2대화〉를 통하여 학습한 내용을 반복과 응용을 통해 익히고 확인하는 과정이다. 단원에 따라 2개 이상의 〈활동〉이 제시되어 보다 다양한 상황에서 학습자가 대화 내용을 연습하고 이해하여 학습 내용을 확인하고 평가하도록 하였다.

이러한 구성 이외에 교재의 후반부에 〈듣기 문제 지문과 답〉을 별첨하여 학습자에게 도움이 되고자 하였다.
〈본문의 영어 번역〉은 교재의 내용 중 〈제1대화〉와 〈제2대화〉를 영어로 완전히 번역하여 학습자의 본문 이해 정도를 높이고 혼자서도 학습할 수 있도록 하였다.

단원 제목	기능	문법과 표현	발음 연습	듣기 연습	활동
1 문병	- 증상에 대해 말하기 - 문병 가서 안부 묻기	- '―더니' - 았/었더니'	- 사이시옷 (경음화)	- 병원에서의 대화 듣고 증상, 진단 결과 이해하기	- 병원에서 증상 이야기하고 진단 결과 확인하기 - 문제 상황을 이해하고 조언하기
2 소문	- 이야기를 다른 사람에게 전달하기 - 소문을 확인하기 - 속담 표현 익히기	- '―다더니' - '―다면서요?'	- '―었다더니'	- 상황에 맞는 속담 찾기 - 소문을 듣고 상황 이해하기	- 알고 있는 사실과 다른 소문 내용을 확인하기 - 친구들에 대한 소문을 확인하기 - 속담 설명하고 맞히기
3 피로연	- 한국의 결혼 문화 이해하기 - 사동사 익히기	- 동격의 '―인' - '―아도/어도' - 시간 표현에 쓰이는 '데'	- 의문사가 들어 있는 문장 구분	- 결혼식장 상황문 듣고 결혼 순서 파악하기	- 사동사 이용하여 피로연장 설명하기 - 시간과 비용에 대해 표현하기 - 한국의 결혼 문화 이해하기
4 집들이	- 집들이 문화 이해하기 - 의문 형식의 간접 화법 익히기	- '―아/어 가지고' - '―아/어 놓다' - '―(으)ㄹ 만큼' - '―냐고 하다'	- '―(으)ㄹ 만큼'	- 내용을 듣고 간접 화법으로 다시 이야기해 보기	- 선물 포장하는 방법 설명하기 - 만화를 보고 상황을 간접 화법으로 다시 구성하기
5 후회	- 후회하는 표현 익히기 - 후회하는 사람에게 조언하기	- '―았/었더라면' - '―았/었더라도' - '―(으)ㄹ걸'	- '―았/었더라면'	- 후회하는 상황문을 듣고 이해하기	- 약속을 지키지 못한 이유 이야기하기 - 자신의 잘못을 후회하기

단원 제목	기능	문법과 표현	발음 연습	듣기 연습	활동
6 축제	- 축제에 대해 이야기하기 - 과정이나 결과 말하기	- '을/를 통해서' - 기 마련이다 - ㄹ 뻔하다	- '전통'	- 중국 신년 축제 이해하기	- 축제를 계획하고 안내하기
7 맞벌이 부부	- 맞벌이와 관련된 사회문제 이해하기 - 고민 듣고 문제 해결하기	- (으)ㄹ 만하다 - 고 있다 - 는 데다가	- 대표음+경음화 (ㄷ+ㄱ)	- 맞벌이 부부의 육아 문제 이해하기	- 문제 해결하기
8 생활 예절	- 일상생활에서 지켜야 할 예절 알아보기 - 들은 내용 확인하기	- 단 말이에요? - 는 모양이다 - 다고요?	- 'ㅡ는 말이에요?'	- 대중교통에서 지켜야 할 예절 듣고 이해하기	- 각 나라의 금기 문화 이야기 하기 - 휴대전화 예절 이야기하기
9 옛날이야기 속으로	- 피동사 익히기 - 의성어/의태어 익히기	- 뿐만 아니라 - 는커녕 - 기는커녕 - 피동 - 의성어/의태어	- 사이시옷(ㄴ 첨가)	- 옛날이야기의 의미를 이해하기	- 옛날이야기 패러디하기
10 한국 사람들	- 한국의 전통문화와 현대문화 비교하기 - 여러가지 이유 표현 말하기 - 강한 부정 표현하기	- 만 못하다 - 에 비하면 - 길래 - 는 길에 - ㄹ 리가 없다	- '굉장하다'	- 한국의 응원 문화 듣고 이해하기	- 한국을 대표하는 것에 대해 이야기하기

한국 고전소설 「심청전」의 첫머리

차 례
contents

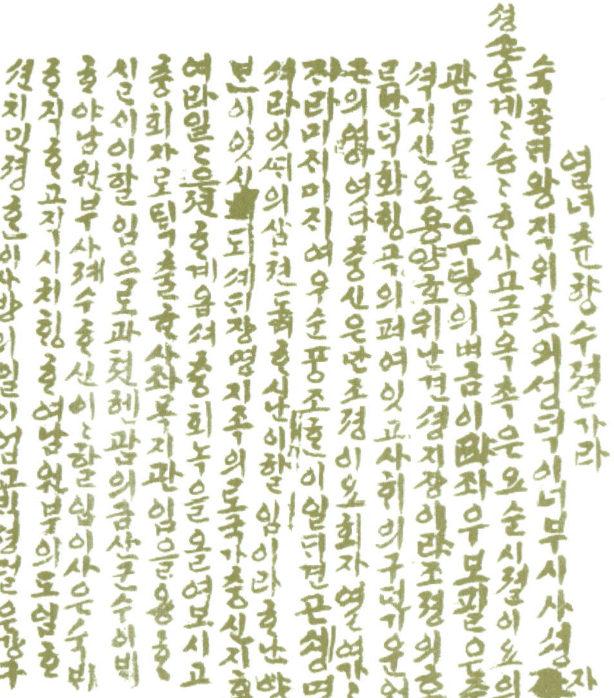

열녀춘향슈졀가라

숙종대왕 직위 초의 셩덕이 너부시사 셩자
셩손은 계계승승 후사 금고옥촉은 요슌시졀이요 의
관문물은 우탕의 버금이라 좌우 보필은 주
셕지신이오 용양호위난 견셩지장이라 조졍의 흐
름더 화행곡의 퍼여잇고 사회의 구더가 온원
은의 앵여다 충신은 만조졍이요 회자 열여가
쟈라 미지여 우슌풍조하니 이씰더편 곤셩명
셔라 잇씨의 삼쳔동 츙신이할 임이라 흐난향
부이 잇신이 도셩니 쟝명지족의로 국가충신지후
여 판일을 쳔흐게 급셔 충회 녹을 올여보시고
츙회자로 틱츌흔 사좌 복지관 임으로 용흐중
실이 이할 임으로 과쳔혜 관의 금산군수의비
후야 남원부사 쥐수 춘신이 호할 십이사 으슈 하니
흥직 충 고직 시 흥흐 여남 원 부의 도임흔
션치민졍 흔 하사방 의 일이 엄고 박셩덜 우광후

1 문병

▷ 아플 때 어느 병원에 가면 좋을까요? 아픈 사람과 병원을 연결해 보세요.

기침이 나다

충혈이 되다

임신을 하다

우울하다

치과	
이비인후과	산부인과
성형외과	외과
소아과	피부과
정신과	안과
	정형외과
	내과

불면증에 걸리다

눈이 나빠지다

잇몸이 붓다

배탈이 나다

열이 나다

팔이 부러지다

1-1 성준 씨가 병원에 입원했대요

▷ 성준 씨가 병원에 갔대요. 성준 씨가 왜 병원에 갔는지 친구들과 이야기해 보세요.

그렇게 열심히 공부하더니 결국 쓰러졌군요.

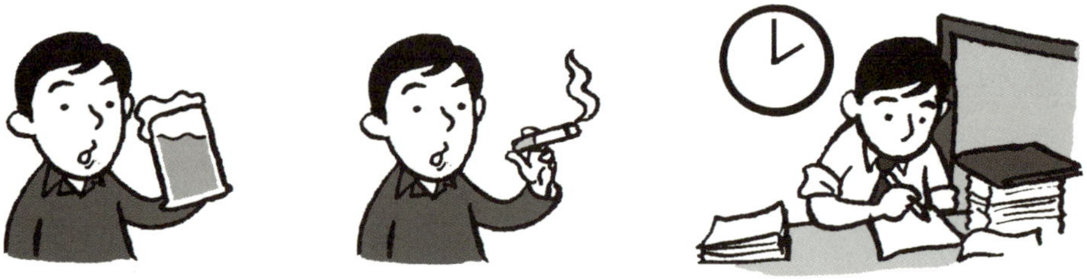

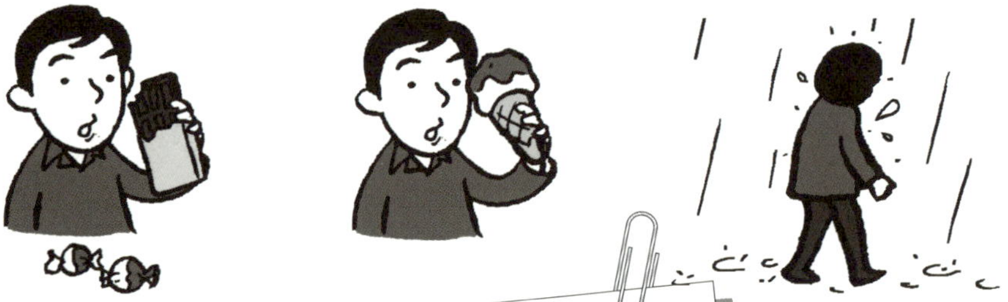

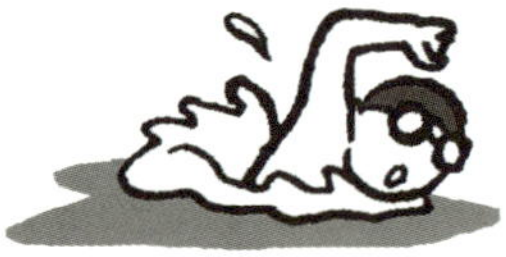

기관지염 장염 위염 독감	걸리다
과로로 쓰러지다 충치가 생기다	

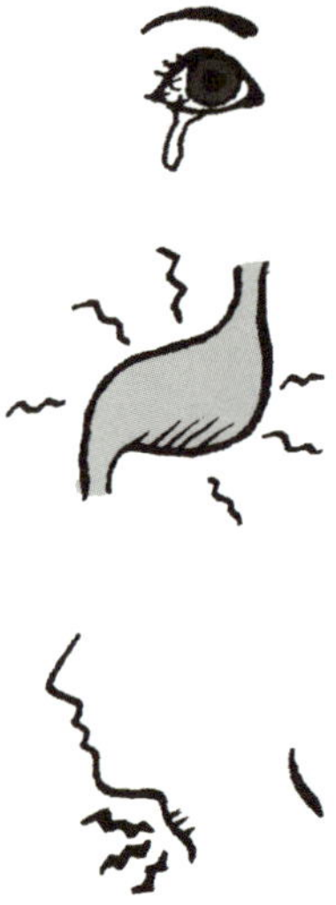

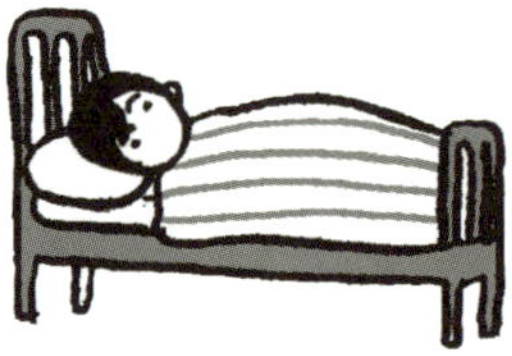

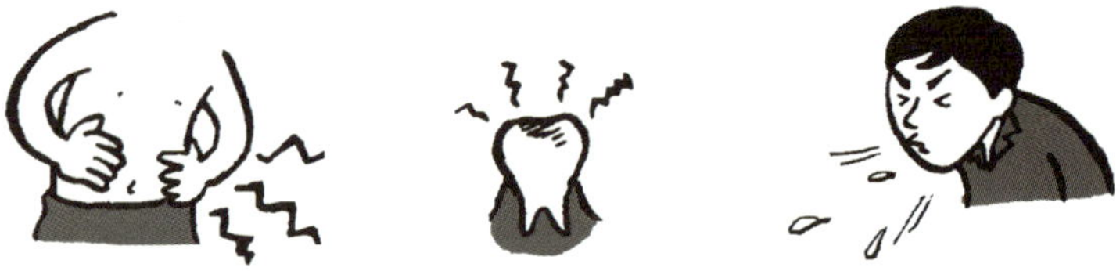

성준 씨가 병원에 입원했습니다. 그래서 샤오징 씨가 왕홍 씨에게 알려 줍니다.

샤오징　왕홍 씨, 성준 씨가 어젯밤에 병원에 입원했대요.

왕홍　　정말요? 왜 입원했대요?

샤오징　과로로 쓰러져서 입원했대요.

왕홍　　그렇게 열심히 공부하더니 결국 쓰러졌군요. 몸이 많이 안 좋대요?

샤오징　아직 잘 모르겠어요. 그래서 오늘 문병 가려고 하는데 같이 가실래요?

왕홍　　좋아요. 저도 같이 가요. 어느 병원이래요?

샤오징　혜화동에 있는 성균 병원이래요.
　　　　6시 넘으면 면회가 안 된다고 하니까 오후 4시에 성균 병원 앞에서 만나요.

잘 들어 보세요 CD1-2

1. 잘 듣고 따라해 보세요.

   1) 어젯밤에 병원에 입원했대요.

   2) 한국에서는 윗사람을 보면 인사를 해야 합니다.

   3) 햇빛이 따뜻해서 밖에 나가 점심을 먹기로 했어요.

   4) 가 : 왜 이렇게 시끄러워요?

   　　나 : 아랫집에서 공사를 해서 그래요.

2. 잘 듣고 써 보세요.

   1) 가 : 언제부터 아프기 시작했어요?

   　　나 : ＿＿＿＿＿ 스케이트를 타고 난 후부터 아프기 시작했어요.

   2) 가 : 설날에는 주로 무엇을 먹습니까?

   　　나 : 가족들과 함께 떡국이나 ＿＿＿＿＿ 먹습니다.

함께 이야기해 보세요

▷ 아파서 병원에 갔습니다. 한 사람은 의사가 되고 다른 한 사람은 환자가 되어서 이야기해
봅시다.

| 의사 |

증상이 어떤지 물어보기
언제부터 증상이 나타났는지 물어보기
어떻게 해야 하는지 말하기

| 환자 |

어디가 어떻게 아픈지 말하기
언제부터 아팠는지 말하기
어떻게 해야 하는지 물어보기

어디가 어떻게 아픈가요?
(1) 눈이 따갑고 계속 눈물이 난다.
(2) 갑자기 우울해지고 눈물이 난다.
(3) 속이 울렁거리고 소화가 안 된다.
(4) 재채기가 나오더니 콧물이 계속 나온다.
(5) 아이가 아이스크림을 먹고 배탈이 났다.
(6) 빙판에서 미끄러진 후 걸을 수가 없다.
(7) 손이 빨갛게 되고 계속 가렵다.
(8) 이가 계속 쑤시고 아프다.

나으려면 어떻게 해야 하나요?
(가) 가려워도 긁지 마세요.
(나) 손을 깨끗이 씻고 손으로 눈을 비비지 마세요.
(다) 혼자 있지 말고 가족이나 친구들과 함께 지내세요.
(라) 옷을 따뜻하게 입고 다니고 따뜻한 물을 많이 드세요.
(마) 커피나 술을 마시지 말고 식사를 규칙적으로 하세요.
(바) 이를 깨끗이 닦고 사탕이나 초콜릿을 먹지 마세요.
(사) 깁스를 하고 조심해서 걸어다니세요.
(아) 아이에게 찬 음식을 주지 마세요.

CD1-3

샤오징 씨와 왕홍 씨가 성준 씨 문병을 갔습니다.

왕홍　성준 씨, 몸은 어때요? 많이 아파요?

성준　아니요, 괜찮아요.

샤오징　안색이 안 좋은 걸 보니까 아직도 많이
　　　아픈 것 같은데요.

성준　아니에요. 어젯밤에는 좀 많이 아팠는데, 지금은 나아졌어요.

왕홍　그런데 어쩌다가 입원하게 된 거예요?

성준　도서관에서 쓰러졌어요. 며칠 밤을 새웠더니 몸이 안 좋아졌나 봐요.

샤오징　언제쯤 퇴원할 수 있대요?

성준　사흘 후에는 퇴원할 수 있을 거래요.

왕홍　빨리 나았으면 좋겠어요.

▷ 아래의 문장들을 이용해서 대화 내용을 바꾸어 보세요.

도서관에서 쓰러지다	며칠 밤을 새웠더니 몸이 안 좋아졌다.
눈이 빨갛고 퉁퉁 붓다	신경을 많이 썼더니 위염에 걸렸다.
갑자기 토하다	스키장에서 놀았더니 독감에 걸렸다.
온몸에서 열이 나다	수영장에서 오랫동안 놀았더니 눈병에 걸렸다.
설사를 계속하다	찬 음식을 많이 먹었더니 장염에 걸렸다.

 ## 잘 들어 보세요 CD1-4

▷ 유미 씨가 아파서 병원에 갔습니다. 대화를 잘 듣고 답하세요.

1) 대화 내용을 잘 듣고 맞으면 ○, 틀리면 × 하세요.

① 유미 씨는 눈이 아파서 안과에 갔다. (　　　)

② 지금 유미 씨의 눈은 빨갛게 충혈되어 있다. (　　　)

③ 의사는 유미 씨에게 눈병에 걸렸다고 말했다. (　　　)

④ 유미 씨는 안약을 넣고 쉬어야 한다. (　　　)

2) 유미 씨는 왜 병원에 갔습니까?

① 술을 많이 먹어서　　　　　　　② 오랫동안 수영을 해서

③ 눈병에 걸린 것 같아서　　　　　④ 피곤해서

3) 유미 씨는 병원에 갔다 온 후에 일기를 썼습니다.
대화 내용을 생각하며 빈칸에 알맞은 말을 넣으세요.

> 2006년 ○월 ○일
>
> 어제는 눈에 뭐가 들어간 것같이 ①________ 오늘은 눈이 빨갛게 충혈되었다.
> ②________ 에 걸린 것 같았다. 그래서 병원에 갔는데 의사 선생님께서 눈병이
> 아니고, 피곤해서 ③__________ 것이라고 말씀하셨다.
> 집에 돌아와서 ④________을/를 넣고 잠을 잤다.

함께 이야기해 보세요

▷ 친구를 보니까 무슨 문제가 생긴 것 같습니다. 친구에게 어떤 문제인지 물어보세요.
그리고 문제를 해결할 방법을 이야기해 주세요.

1. 발에 물집이 생겼어요.

-았/었더니 -았/었어요

2. 내일이 발표회인데 목이 쉬었어요.

3. 여자 친구가 전화를 안 받아요.

▷ 아래의 문장들을 '－더니'로 이어서 문장을 만드세요.

　다음 사람은 앞 사람의 마지막 문장을 그대로 이용하여 계속 이야기를 이어 가세요.

저녁에 무서운 영화를 보았다.	그냥 웃기만 하다.
밤에 라면을 먹고 잤다.	말을 하지 못하다.
노래를 3시간 동안 불렀다.	얼굴이 퉁퉁 부었다.
어제 잠을 24시간 잤다.	밤에 잠을 자지 못하다.
친구와 소주를 4병이나 마셨다.	숨을 쉬지 못하다.
버스에서 이상형을 만났다.	아침에 일어나지 못하다.

• 버스에서 이상형을 만나더니 밤에 잠을 자지 못합니다.

→ 잠을 자지 못하더니 아침에 늦게 일어납니다.

→ 아침에 늦게 일어나더니 하루 종일 이상한 행동만 합니다.

→ 이상한 행동만 하더니 ＿＿＿＿＿＿＿＿＿＿＿＿＿＿＿＿＿＿＿＿

→ ＿＿＿＿＿＿＿＿＿＿＿＿더니 ＿＿＿＿＿＿＿＿＿＿＿＿＿＿＿＿＿

→ ＿＿＿＿＿＿＿＿＿＿＿＿더니 ＿＿＿＿＿＿＿＿＿＿＿＿＿＿＿＿＿

→ ＿＿＿＿＿＿＿＿＿＿＿＿더니 ＿＿＿＿＿＿＿＿＿＿＿＿＿＿＿＿＿

→ ＿＿＿＿＿＿＿＿＿＿＿＿더니 ＿＿＿＿＿＿＿＿＿＿＿＿＿＿＿＿＿

2 소문

1. 그림을 보고 어떤 상황인지 이야기해 보세요.

2. 친구에게 비밀을 이야기했는데 다른 사람이 알고 있었던 적이 있습니까?

3. 비밀이라고 한 친구의 이야기를 다른 사람에 이야기한 적이 있습니까?

4. 그림과 관련된 표현이나 속담은 무엇입니까?

▷ 친구가 수진 씨에 대한 소문을 전합니다. 예전에 들었던 이야기를 이용해서 대화를 만들어 보세요.

—다더니 —는군요

1. 결혼

2. 취직

3. 다이어트

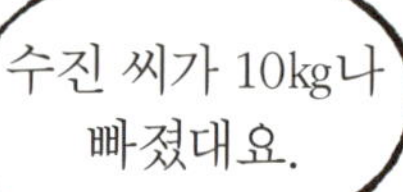

4. 아기

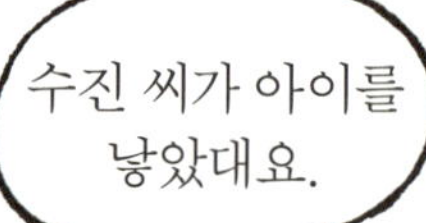

성준 씨, 나오코 씨, 샤오징 씨가 수진 씨의 결혼 소식에 대해서 이야기합니다.

성준 　나오코 씨, 소문 들었어요? 수진 씨가 결혼을 한대요.

샤오징 　네. 저도 수진 씨가 선 본 사람과 결혼한다고
　　　　들었어요.

나오코 　수진 씨가 선을 봤다더니 결혼을 하는군요.
　　　　결혼할 사람이 어떤 사람이래요?

샤오징 　조건도 좋고 성격도 좋은 사람이래요.

성준 　네. 한국 대학교를 졸업하고 대기업에 다닌대요.

샤오징 　호랑이도 제 말 하면 온다더니 저기 수진 씨가 오네요.

수진 　오랜만이에요. 무슨 얘기를 그렇게 재미있게 하고 있어요?

샤오징 　수진 씨 얘기하고 있었어요.

 ## 잘 들어 보세요 CD1-6

1. 잘 듣고 따라해 보세요.

　1) 선을 봤다더니 결혼을 하는군요.

　2) 열심히 공부했다더니 결국 합격했군요.

　3) 많이 아팠다더니 힘이 없어 보이는군요.

　4) 가 : 밤을 새웠다더니 오늘 피곤해 보이는군요.

　　　나 : 네, 오늘 좀 많이 피곤하네요.

2. 잘 듣고 써 보세요.

　1) 가 : 진수 씨가 소개팅에서 만난 사람과 사귄대요.

　　　나 : 첫인상이 ＿＿＿＿＿＿ 그 사람과 사귀는군요.

　2) 가 : 소문 들었어요? 수정 씨가 시험에 합격했대요.

　　　나 : 시험을 ＿＿＿＿＿＿ 시험에 합격했군요.

 ## 함께 이야기해 보세요

▷ 여러분이 알고 있는 내용과 소문이 다릅니다. '―다더니' 를 이용해서 이야기를 만들어 보세요.

―다더니 언제/어떻게 ―대요/래요?

1.

가 : 수진 씨가 결혼을 한대요.

나 : _________________다더니

언제 결혼할 사람을 만났대요?

가 : 6개월 전에 _________________

나 : _________________________

2.

가 : 미사토 씨와 인수 씨가 사귄대요.

나 : _________________(이)라더니

_____________________?

가 : _________________________

나 : _________________________

3.

가 : 마이클 씨가 한국어 말하기 시험에서

1등을 했대요.

나 : _________________다더니

_____________________?

가 : _________________________

4.

가 : 청밍 씨가 다시 한국에 들어온대요.

나 : _________________다더니

_____________________?

가 : _________________________

CD1-7

성준 씨, 샤오징 씨, 나오코 씨가 수진 씨에게 결혼할 사람에 대해서 물어 봅니다.

성준　수진 씨, 결혼을 한다면서요? 정말이에요?

수진　네. 발 없는 말이 천 리 간다더니 정말 소문이 빠르네요. 그런데 누구한테 들었어요?

나오코　저는 지금 성준 씨하고 샤오징 씨한테 들었어요.

샤오징　저는 준석 씨한테 들었어요. 얼마 전에 선을 본 사람과 결혼을 한다고요.

성준　저는 마이클 씨한테 들었어요. 마이클 씨는 준석 씨한테 들었다고 했어요.

수진　준석 씨에게 비밀이라고 했는데, 준석 씨가 입이 가볍군요.

나오코　결혼할 사람이 조건도 좋고 성격도 좋은 사람이라면서요?

수진　조건보다는 첫인상이 정말 좋았어요. 첫눈에 반해서 거의 매일 만났어요.

결혼을 하다

- 남자친구를 사귀다
- 연애를 하다

선을 보다

- 친구에게 소개받다
- 미팅에서 만나다
- 동호회에서 만나다

조건도 좋고 성격도 좋다

- 잘생기고 똑똑하다
- 키도 크고 멋있다
- 좋은 회사에 다니고 돈도 많다

 # 잘 들어 보세요

1. 성준과 소라의 대화입니다. 대화 내용과 어울리는 속담은 무엇입니까? CD1-8

   ① 백지장도 맞들면 낫다.
   ② 발 없는 말이 천 리 간다.
   ③ 호랑이도 제 말 하면 온다.
   ④ 사공이 많으면 배가 산으로 간다.

2. 대화 내용과 어울리는 그림은 무엇입니까? 그림 밑에 속담을 적어 보세요. CD1-9

① 

② 

③ 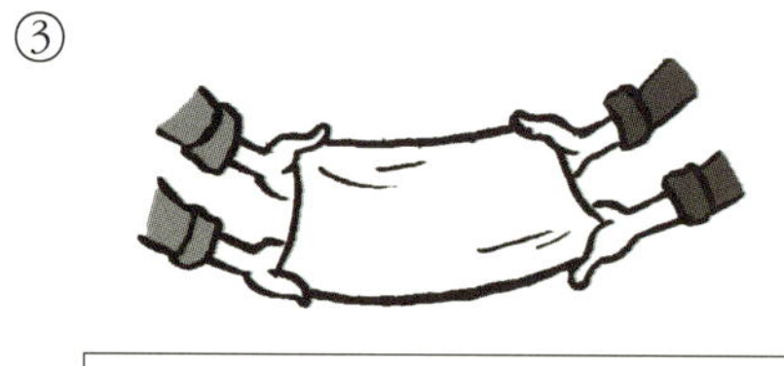

④ 

3. 소문을 잘 듣고 답하세요. CD1-10

   1) 게이코 씨는 어떤 일을 할 것입니까?

   ①    ②    ③ 

   2) 밑줄 친 곳에 맞는 말을 쓰십시오.

   ① 게이코 씨가 __________ 에 취직해서 다음 주에 일본에 돌아간대요.

   ② 그 회사는 __________ 회사래요.

   ③ 그 회사에서 __________ 을 할 거래요.

함께 이야기해 보세요

1. 여러분에게 어떤 좋은 일과 나쁜 일이 있습니까? 좋은 일과 나쁜 일을 3개씩 적어 보세요.

> —다면서요/(이)라면서요?

| 좋은 일 |

· _______________________

· _______________________

· _______________________

이름 :

| 나쁜 일 |

· _______________________

· _______________________

· _______________________

이름 :

가 : 수미 씨, 다음 달에 일본에 간다면서요?

나 : 네. 다음 달에 일본에 가요.

가 : 왜 일본에 가세요?

나 : _______________________________

2. 여러분이 알고 있는 소문이 있습니까? 여러분이 알고 있는 소문을 3개씩 적어 보세요.

| 내가 알고 있는 소문 |

· ___________ 씨가 _______________________________

· ___________ 씨가 _______________________________

· ___________ 씨가 _______________________________

이름 :

가 : 수미 씨, 다음 달에 일본에 간다면서요?

나 : 네. 사실이에요. 그런데 누구에게 들었어요?

가 : ___________ 씨에게 들었어요.

나 : _______________________________

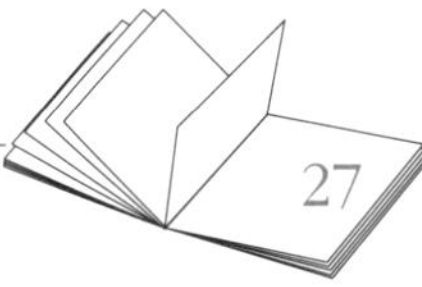

▷ 두 팀으로 나누어서 속담을 설명하고 맞히는 게임입니다. 많이 맞히는 팀이 이깁니다.

―게임 규칙―

· 사람들을 두 팀으로 나눕니다.
· 팀에서 한 명씩 나와 속담이 적힌 쪽지를 뽑습니다.
· 그 속담을 자기 팀에게 설명하십시오.
  – 속담의 의미나 속담이 쓰는 상황을 설명하십시오.
  – 속담에 쓰인 단어를 사용하면 안 됩니다.
  – 도구나 몸짓을 사용해도 됩니다.
· 자기편이 못 맞히면 상대편에게 기회가 넘어갑니다.
· 자기편이 맞히면 10점, 상대편이 맞히면 -20점

A

문항	맞힌 팀	점수
1		
2		
3		
4		
5		
6		
총점		

B

문항	맞힌 팀	점수
1		
2		
3		
4		
5		
6		
총점		

등잔 밑이 어둡다
바늘 가는 데 실 간다
열 번 찍어 안 넘어가는 나무 없다
사공이 많으면 배가 산으로 간다
백지장도 맞들면 낫다
가는 말이 고와야 오는 말이 곱다

호랑이도 제 말 하면 온다
발 없는 말이 천 리를 간다
남의 떡이 커 보인다
닭 소 보듯 소 닭 보듯 하다
낫 놓고 기역자도 모른다
낮 말은 새가 듣고 밤 말은 쥐가 듣는다

3 피로연

▷ 다음은 몇 가지 행사의 초대장입니다. 초대장을 잘 보고 이번 달 계획표를 적어 보세요.

우리 식당 개업식

우리 식당이 장소를 이전하여
새로 개업식을 합니다.

날짜 : 2006년 5월 29일 오후 2시
장소 : 성균관대학교 정문 앞

저희 아이 소영이의 돌입니다.
많이 오셔서 소영이의 생일을
축하해 주세요.

날짜 : 2006년 5월 12일 오후 6시
장소 : 강남 서초 뷔페

박진철 씨의 장남 민수 군과
강기준 씨의 차녀 지현 양이
결혼을 합니다.

날짜 : 2006년 5월 8일 오후 1시
장소 : 대학로 성균 예식장

2006년도 정기 모임

성균관대학교 사회학과
동창회가 있습니다.

날짜 : 2006년 5월 15일 오후 5시
장소 : 혜화역 성균 갈비

5월 일정표

날짜	요일	시간	계획
1	일		
2	월		
3	화		
4	수		
5	목		
6	금		
7	토		
8	일	오후 1시	
9	월		
10	화		
11	수		
12	목	오후 6시	
13	금		
14	토	오전 7시	서울역—산악회
15	일		
16	월		
17	화		
18	수		
19	목		
20	금		
21	토		산악회
22	일		
23	월		
24	화		
25	수		
26	목		
27	금	오후 7시	영업부 회식—강남호프
28	토		
29	일		개업식
30	월		
31	화		

▷유미 씨가 길에서 나오코 씨를 만났습니다. 나오코 씨가 예쁜 옷을 입고 있었습니다.
나오코 씨가 어디를 가는지 무슨 일이 있는지 궁금했습니다.

왜 예쁘게 입었어요?	누가 합니까?	꼭 가야 합니까?

결혼식이 있어서 예쁘게 입었습니다.

회사 동료인 수진 씨가 결혼을 해요.

피곤해도 꼭 가야 해요.

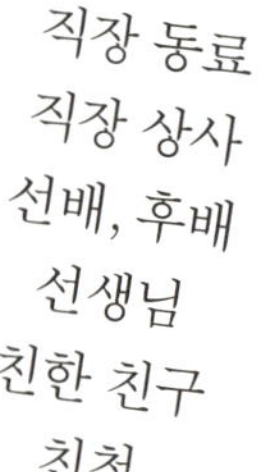

돌잔치
생일 파티
졸업식, 입학식
학교 축제
개업식

직장 동료
직장 상사
선배, 후배
선생님
친한 친구
친척

차가 막히다
길이 미끄럽다
사람이 많아 복잡하다
몸이 아프다
피곤하다
귀찮다

유미 씨가 나오코 씨를 길에서 만났습니다.

유미	나오코 씨 오늘 무슨 일 있어요? 왜 그렇게 예쁘게 입었어요?
나오코	오늘 결혼식이 있어서 예쁘게 입었어요.
유미	누가 결혼하는데요?
나오코	회사 동료인 수진 씨가 결혼을 해요.
유미	결혼식은 어디에서 해요? 여기에서 멀어요?
나오코	결혼식은 서울 예식장에서 해요. 지하철을 타고 가면 한 시간쯤 걸린대요.
유미	주말인데 피곤하지 않아요?
나오코	무슨 일이 있어도 꼭 가야 해요. 제가 신부 들러리를 하기로 했거든요. 부케도 받을 거예요.

 잘 들어 보세요 CD1-12

1. 잘 듣고 따라해 보세요.

  1) 오늘 무슨 일 있어요?(의문문) / 무슨 일이 있어도 꼭 가야 해요.(평서문)

  2) 어떤 사람을 찾아요?(의문문) / 지금 밖에 어떤 사람이 있어요.(평서문)

  3) 언제 한 번 보기로 했어요?(의문문) / 언제 한 번 보기로 했어요.(평서문)

2. 평서문인지 의문문인지 잘 듣고 ✔해 보세요.

	평서문	의문문
1)		
2)		
3)		
4)		

 # 함께 이야기해 보세요

▷ 결혼식이 끝나고 피로연장에 갔습니다. 그림을 보고 무슨 이야기를 하고 있는지 이야기를
만들어 보세요. [보기]에서 사동사를 골라 대화에 넣으세요.

| 보기 | 맡기다, 먹이다, 벗기다, 씻기다, 앉히다, 알리다, 울리다

1) 남녀가 모여서 언제 결혼할 것인지 이야기하고 있어요.

가 : 오랜만이네요. 언제 국수 먹여 줄 거예요?

나 : 내년 봄에 결혼할 예정이에요.

가 : 정말요? 축하해요.

2) 형이 동생을 때려서 동생이 울고 있어요.

3) 아이가 배가 고파서 계속 울고 있어요.

4) 어떤 사람이 결혼 선물을 가져 왔는데
어디에 두어야 할지 고민이에요

5) 엄마와 아이가 밥을 먹는데,
아이 옷에 뭐가 묻을까 봐 걱정이에요.

CD1-13

수현 씨가 수업을 마치자마자 집으로 가려고 합니다.

제임스 수현 씨 벌써 가려고요? 집에 무슨 일 있어요?

수현 네. 내일 언니가 신혼여행 갔다가 돌아오거든요.

그래서 일찍 들어가 봐야 해요.

제임스 아, 지난주에 결혼한 언니요? 언니는 내일 돌아오는데 왜 오늘 일찍 들어가요?

수현 어머니께서 이바지 준비한다고 일찍 들어오라고 하셨어요.

제임스 이바지요? 이바지가 뭐예요?

수현 신부가 시댁에 처음 갈 때 시댁에 싸 가는 음식을 말해요.

특히 저희 어머니가 손이 커서 음식 장만하는 데 시간이 많이 걸려요.

▷ 한국에서 결혼 전후에 하는 일입니다. 그림을 보고 어떤 일인지 이야기해 보세요.

상견례

혼수

예물

함

폐백

 ## 잘 들어 보세요 CD1-14

▷ 다음을 듣고 질문에 답하세요.

1) 이 방송은 어디에서 들을 수 있습니까?

① 졸업식장　　　　② 결혼식장　　　　③ 강의실　　　　④ 방송국

2) 어떤 순서에 따라 일이 진행되고 있습니까? 순서에 맞게 배열된 것을 고르세요.

①

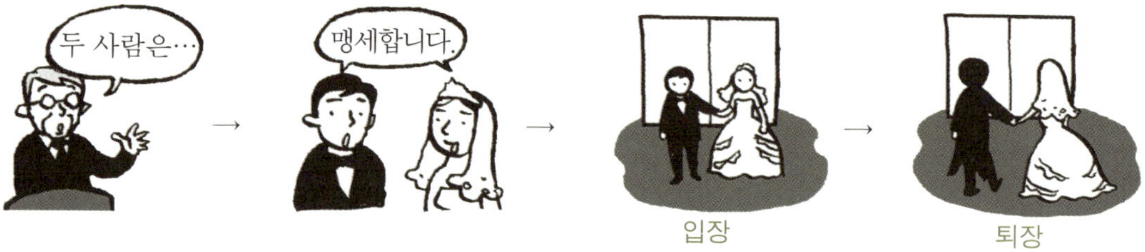

②

③

④

함께 이야기해 보세요

—는 데(에) 얼마나 걸려요/들어요?

1. 결혼식을 준비하기 위해서 필요한 시간과 비용을 알아보려고 합니다. 결혼식장에 전화를 걸어 문의해 보세요

결혼식 시간 : 25분

사진 촬영 시간 : 20분

결혼식장 대여 비용 : 200만원

피로연 비용 : 300만원

가 : 결혼식장을 빌리려고 하는데요. 결혼식장을 빌리는 데 얼마가 들어요?

나 : 결혼식장을 빌리는 데 보통 200만원이 듭니다.

가 : 결혼식은 얼마나 오래 하나요?

나 : _______________ 데에 25분 정도 걸립니다.

그리고 _______________ 데에 20분 정도 걸립니다.

가 : _______________________________________

---

2. 영어 어학 연수를 가려고 준비 중입니다. 학원에 전화를 걸어 어학 연수 기간과 비용에 대해서 문의해 보세요.

정규 과정 기간 : 1년

어학 연수 비용 : 1500만원

하루 수업 시간 : 6시간

기숙사 비용 : 800~900만원

가 : 영어 어학 연수를 가고 싶은데요. 정규 과정 시간이 얼마나 되나요?

나 : _______________________ 데에 1년 정도 걸립니다.

가 : 정규 과정을 마치는 데 비용은 얼마나 드나요?

나 : _______________________________________

---

3. 집을 수리하려고 합니다. 인테리어 회사에 전화를 걸어 집 수리 기간과 비용에 대해서 문의해 보세요.

도배 비용 : 40만 원

도배 소요 시간 : 5시간

페인트칠 비용 : 50만원

페인트칠 소요 시간 : 2일

가 : 저 집을 수리하려고 하는데요. 수리 기간과 비용에 대해 궁금해서 전화드렸습니다.

나 : 어디를 수리하려고 하시는데요?

가 : _______________________________________

나 : _______________________________________

함께 이야기해 보세요

▷ 다음은 결혼 비용과 관련된 정보입니다. 그래프를 보고 한국의 결혼 문화에 대해서 이야기 해 보세요.

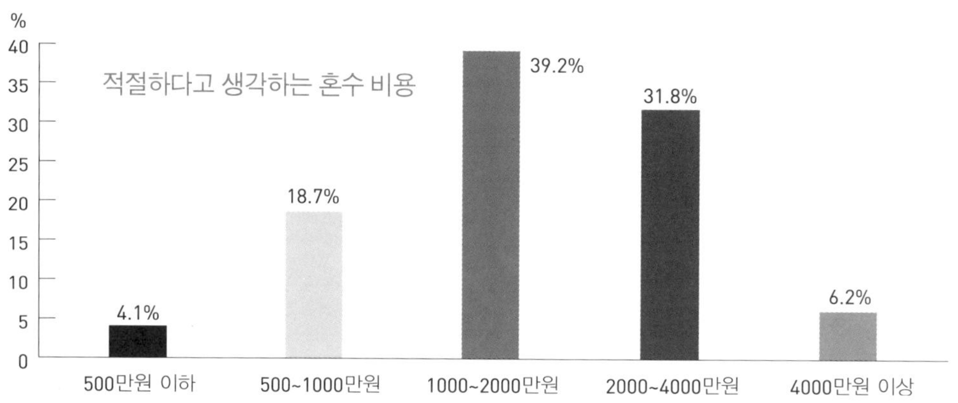

1. 적절하다고 생각하는 혼수 비용과 실제 혼수 비용은 얼마나 차이가 납니까?

2. 한국에서 결혼하는 데 비용이 얼마나 듭니까? 혼수 비용이 많은 것 같습니까? 많지 않은 것 같습니까?

3. 한국에서는 무엇을 하는 데 가장 많은 돈을 씁니까? 여러분 나라에서는 결혼할 때 어느 곳에 돈을 가장 많이 씁니까?

4. 여러분 나라의 결혼 문화 중 한국과 다른 것은 무엇입니까?

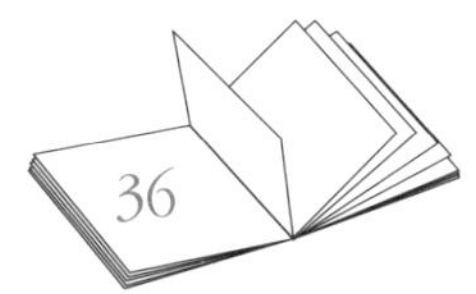

4 집들이

▷ 집들이에 가 본 적이 있습니까?

여러분의 나라에서는 집들이에 갈 때 무엇을 가지고 가나요?

어떤 물건은 가지고 가지 않습니까? 그 이유는 무엇입니까?

▷ 샤오징 씨는 친구들과 함께 수진 씨 집들이에 다녀왔습니다. 소라 씨에게 성준 씨 집들이에
대해서 이야기합니다.

| 집들이 |

휴지를 사 가지고 집들이에 갔어요.

꽃	만들다
케이크	사다
술	주문하다
선물	포장하다

| 생일 잔치 |

맛있는 음식을 만들어 놓았어요.

미역국	준비하다
다양한 음식	차리다
사진 찍는 곳	마련하다

| 졸업식 |

방에 다 앉을 수 없을 만큼 사람이 많았어요.

앉아 있을 수 없다	사람이 많다
음식이 모자라다	붐비다
사진을 찍을 수 없다	복잡하다
	정신이 없다

샤오징 씨는 어제 수진 씨 집들이에 갔다 왔습니다.
다음 날 성준 씨가 집들이에 대해서 물어 봅니다.

성준　　샤오징 씨, 어제 수진 씨 집들이 갔었어요?

샤오징　네. 유미랑 데이비드와 함께 갔었어요.

성준　　집들이 선물은 뭐 가지고 갔어요?

샤오징　휴지와 세탁비누를 사 가지고 갔어요.

성준　　집들이는 어땠어요? 집들이에 사람들이 많았어요?

샤오징　네, 방에 다 앉을 수 없을 만큼 사람들이 많았어요. 그리고 맛있는 음식을
　　　　많이 만들어 놓았어요. 음식을 정말 맛있게 먹었어요.

성준　　정말 좋았겠네요. 그런데 샤오징 씨는 한국 음식이 입에 맞아요?

샤오징　수진 씨가 저를 위해 중국 음식도 만들어 놓았어요.
　　　　처음 만든 것치고는 정말 잘 만들었어요.

 ## 잘 들어 보세요 CD1-16

1. 잘 듣고 따라해 보세요.

　1) 방에 다 앉을 수 없을 만큼 사람들이 많았어요.

　2) 다 먹을 수 없을 만큼 음식을 많이 준비했어요.

　3) 손님들이 다 들어갈 수 없을 만큼 가게가 좁았어요.

　4) 가 : 지금 많이 힘들어요?

　　　나 : 서 있을 수 없을 만큼 많이 힘들어요.

2. 잘 듣고 써 보세요.

　1) 가 : 콘서트장에 사람들이 많이 왔어요?

　　　나 : 콘서트장에 사람들이 다 ____________ 많이 왔어요.

　2) 가 : 감기 걸렸어요? 많이 아픈가요?

　　　나 : ____________ 목이 아파요.

함께 이야기해 보세요

1. 친구에게 줄 선물을 포장하려고 합니다.
   그림을 보고 어떻게 포장을 하는지 순서에 맞게 설명하세요.

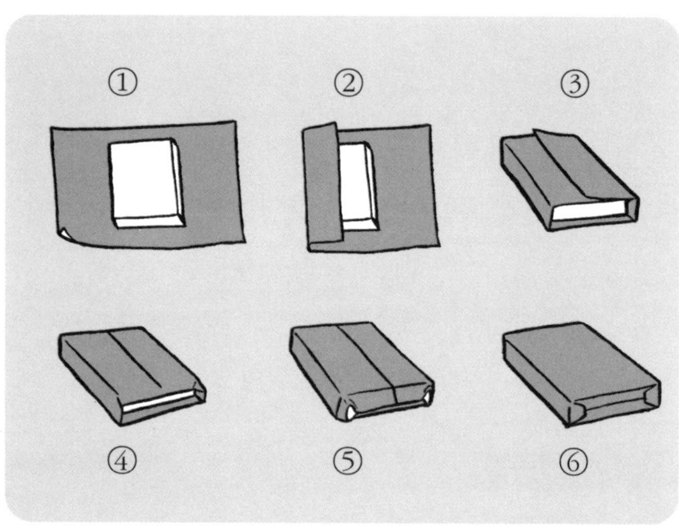

① 포장지를 상자 가운데에 놓고 선물 상자를 싼다.
② 포장지를 상자 크기에 맞게 자른다.
③ 포장지의 끝을 접어 가운데에 테이프를 붙인다.
④ 윗부분을 아래로 접는다.
⑤ 아랫부분을 접어서 올린 후 테이프를 붙인다.
⑥ 양쪽 끝부분을 안으로 접는다.
⑦ 반대편도 같은 방법으로 하면 완성된다.

2. 다음 물건을 선물하려고 합니다. 어떻게 포장하는 것이 예쁠까요?
   포장하는 방법을 함께 이야기하고 친구들 앞에서 설명해 보세요.

준비물 | 상자, 포장지, 부직포, 비닐 // 리본, 끈 // 가위, 칼 // 풀, 테이프

4-2 집 사는 데 얼마 들었느냐고 물었어요

CD1-17

마유미 씨는 결혼한 지 5년 만에 집을 장만했습니다. 그래서 얼마 전에 집들이를 했습니다.

성준　지난주에 집들이한다고 하더니 집들이는 잘 끝났어요?

마유미　네. 예상보다 손님들이 많이 와서 좀 정신이 없었어요.

성준　사람들이 집 예쁘고 좋다고 칭찬을 많이 하죠?

마유미　집에 대해 칭찬을 많이 해 줘서 저도 기분이 좋았어요.

　　　그런데 사람들이 개인적인 질문을 많이 해서 대답하기 좀 곤란했어요.

성준　어떤 질문 때문에 곤란했는데요?

마유미　어떤 분은 집 사는 데 얼마 들었느냐고 물었어요.

　　　그리고 대출을 얼마나 받았느냐고 묻기도 했어요.

성준　한국에서는 집을 장만하는 것이 아주 어렵고 힘든 일이에요.

　　　그래서 집을 어떻게 장만했는지 많이 궁금해하는 편이에요.

집이 예쁘고 좋아요.

집이 크고 깨끗하네요.
집이 넓고 환하군요.
집이 아담하고 밝아요.

집을 사는 데 얼마 들었어요?

집을 사는 데 몇 년이 걸렸어요?
집이 얼마나 비싼가요?
집 장만하는 데 오래 걸렸죠?

대출을 얼마나 받았어요?

집 장만할 때 부모님이 도와주셨어요?
대출 이자는 얼마나 돼요?
어떤 방법으로 돈을 모았어요?

 ## 잘 들어 보세요 CD1-18

▷ 대화를 잘 듣고 질문에 답하세요.

1) 〈보기〉와 같이 "―다고/냐고/라고/자고"를 이용해서 다시 이야기해 보세요.

> 〈보기〉　　진수가 애니에게 <u>다음 달에 고향에 돌아가냐고</u> 물었고,
> 애니는 그렇다고 대답했다.

① 애니가 진수에게 ＿＿＿＿＿＿＿＿＿＿＿＿＿＿＿＿＿＿＿＿ 물었고,

진수는 마틴에게 들었다고 대답했다.

② 진수가 애니에게 ＿＿＿＿＿＿＿＿＿＿＿＿＿＿＿＿＿＿＿＿ 물었고,

애니는 회사 일 때문이라고 대답했다.

③ 진수는 애니에게 ＿＿＿＿＿＿＿＿＿＿＿＿＿＿＿＿＿＿＿＿ 물었고,

애니는 다음 달 15일쯤에＿＿＿＿＿＿＿＿＿대답했다.

④ 진수는 애니에게 이번 주말에 여행을 같이 가자고 하자,

애니는 진수에게 ＿＿＿＿＿＿＿＿＿＿＿＿＿＿＿＿＿＿＿＿ 물었다.

2) 애니는 주말에 친구들과 함께 여행을 갔습니다. 그리고 함께 간 친구들 모두와 사진을 찍었습니다.
그 사진으로 맞는 것을 고르세요.

①

경주에서 친구들과

②

공주에서 친구들과

③

공주에서 친구들과

④

경주에서 친구들과

함께 이야기해 보세요

▷ 아래의 그림을 보고 이야기를 만드세요.

1. 게이코 씨가 멋진 2층집으로 이사를 했습니다. 게이코 씨와 데이비드 씨, 소라 씨가 새집에 대해 이야기합니다.

• 데이비드 씨가 게이코 씨에게 새로 이사 간 집이 좋으냐고 물었습니다.

→ ____

2. 사라와 영민이 길에서 만났습니다. 그런데 영민이는 다리에 깁스를 하고 있었습니다.

• 사라가 영민에게 왜 다리에 깁스를 했느냐고 물었습니다.

→ ____

5 후회

무엇을
후회합니까?

이 사람이 무엇을 후회하고 있습니까?

이 사람에게 어떤 말을 해 줄 수 있습니까?

조금만 참았더라면 싸우지 않았을 텐데.

▷ 아래 제시된 문장을 이용해서 문장을 만들어 보세요.

요리를 미리 배우다	어머니의 생일상을 차리다
평소에 수영을 열심히 하다	시험에서 빵점을 맞지 않다
가지고 있는 돈이 아주 많다	친구들에게 박수를 받다
평소에 양치질을 잘하다	사고 싶은 것을 마음대로 사다
어젯밤에 열심히 공부하다	이렇게 뚱뚱해지지 않다
낮에 쉬지 않고 열심히 일하다	저녁에 야근을 하지 않다
발표회에서 노래를 잘 부르다	치과에서 치료를 받다

마이클 씨 표정이 안 좋습니다. 수진 씨가 그 이유를 물어 봅니다.

수진　마이클 씨, 무슨 일 있어요? 안색이 안 좋아 보여요.

마이클　어제 성준이랑 싸웠어요. 그래서 좀 우울해요.

수진　정말요? 갑자기 왜 싸운 거예요?

마이클　노래를 부르기 싫은데, 자꾸만 노래를 하래요.
　　　　그래서 성준이에게 화를 냈어요.

수진　마이클 씨는 노래 부르는 것을 좋아하잖아요.

마이클　어제는 몸이 안 좋아서 아무것도 하고 싶지 않았어요.

수진　몸이 안 좋다고 말했어요?

마이클　아니요, 저도 지금 후회하고 있어요. 조금만 참았더라면 싸우지 않았을 텐데.
　　　　어떻게 하면 좋지요?

수진　먼저 사과하는 것이 좋겠어요. 아마 성준 씨도 지금 후회하고 있을 거예요.

잘 들어 보세요 CD1-20

1. 잘 듣고 따라해 보세요.

　1) 조금만 참았더라면 싸우지 않았을 텐데.

　2) 사람들이 많았더라면 재미있었을 텐데.

　3) 요리를 잘했더라면 맛있는 음식을 많이 준비했을 텐데.

　4) 가 : 두 사람 싸운 거예요?

　　 나 : 제가 화를 내지 않았더라면 싸우지 않았을 텐데. 후회가 돼요.

2. 잘 듣고 써 보세요.

　1) 가 : 영화가 그렇게 재미없었어요?

　　 나 : ＿＿＿＿＿＿＿＿＿＿＿ 그렇게 재미없지는 않았을 텐데.

　2) 가 : ＿＿＿＿＿＿＿＿＿＿＿ 시험에 떨어지지 않았을 텐데.

　　 나 : 실망하지 마요. 다음에 잘 보면 돼요.

함께 이야기해 보세요

1. 어제의 일입니다. 친구에게 전화를 걸어서 약속을 지키지 못한 이유를 말해 보세요.

—는 바람에

친구와 만나기로 했는데, 급한 일이 생겨서 약속 장소에 못 갔어요. 그런데 휴대폰도 고장이 나서 전화도 못 했어요.

( ) : 여보세요?
 나　 : ( )네 집이죠? 저 (　　　)예요.
( ) : ______________________
 나　 : ______________________
( ) : ______________________

선생님께서 한국에 오신다고 해서 공항으로 나가기로 했습니다. 그런데 아침에 늦게 일어났습니다.

 나　　 : 여보세요?
선생님 : 네, 여보세요?
 나　　 : 아, 선생님 저예요. 지금 인천 공항이세요?
선생님 : ______________________
 나　　 : ______________________
선생님 : ______________________

오늘은 회사 동료의 집들이였습니다. 그런데 갑자기 집에 일이 생겨서 집들이에 가지 못했습니다.

( ) : 여보세요?
 나　 : ( ) 씨 댁입니까? 저는 (　　　)입니다.
( ) : 네. 맞습니다. 지금 어디십니까?
 나　 : ______________________
( ) : ______________________
 나　 : ______________________

2. 지금 _____ 때문에 후회하고 있습니다. 무엇을 후회하고 있는지 이야기해 보세요.

—(으)ㄹ걸

어제 늦게까지 게임을 해서 시험 공부를 못했다.

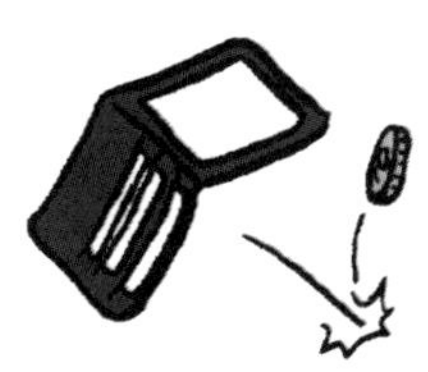

쇼핑을 너무 많이 했다

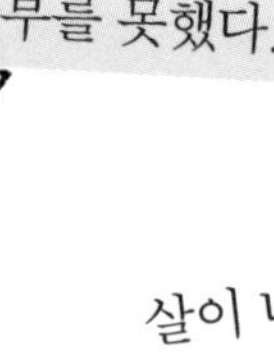

살이 너무 쪘다

소라 씨가 혼자 도서관에서 공부를 합니다.

샤오징　소라 씨, 무슨 일 있어요? 오늘은 준석 씨랑 같이 안 왔네요.

소라　며칠 전에 싸워서 오늘은 혼자 왔어요.

샤오징　무슨 일로 싸웠는데요?

소라　저는 준석이가 무엇을 하는지 어디에 있는지 알고 싶어서 자주 연락을 하는 편이에요. 그런데 준석이는 연락을 했다 안 했다 해요. 그날도 하루 종일 전화도 안 받고 연락도 안 하는 거예요.

샤오징　그래서 싸웠어요? 무슨 일이 있었을 수도 있잖아요.

소라　친구들과 술 마시느라고 전화를 안 했다고 하잖아요. 화가 나서 헤어지자고 말했더니 연락을 안 하네요.

샤오징　아무리 화가 나더라도 헤어지자고 말하지는 말았어야죠.

소라　알아요. 저도 지금 후회하고 있어요.

무엇을 하는지 어디에 있는지

회사에서 어떻게 지내다 / 내 생각을 하다
학교에서 무엇을 하다 / 점심에 무엇을 먹다
어디에서 무엇을 하다 / 어려운 일은 없다
누구와 같이 있다 / 지금 어떤 일을 하다

친구들과 술 마시다

집에서 자다
노래방에서 놀다
친구와 밥 먹다
인터넷 게임을 하다

헤어지자

그만 만나자
다시는 보지 말자
나한테 연락하지 마!
우리 헤어져요

잘 들어 보세요 CD1-22

▷ 다음은 영준과 미정의 대화입니다. 잘 듣고 답하세요.

1) 대화 내용과 맞으면 ○, 틀리면 × 하세요.

① 영준과 미정은 지금 컴퓨터 앞에서 이야기하고 있다. (　　　)

② 소피아는 미국에서 친구들에게 편지와 선물을 보냈다. (　　　)

③ 작년 크리스마스 때 미정은 영준과 함께 보내지 못했다. (　　　)

④ 미정은 작년 크리스마스 날 영준과 싸웠다. (　　　)

⑤ 영준과 미정은 올해 크리스마스를 함께 보낼 것이다. (　　　)

2) 소피아가 보낸 작년 크리스마스 사진들입니다. 사진에서 이상한 부분을 찾아 이야기해 보세요.

① 

② 

③ 

④ 

3) 다음은 소피아가 영준이에게 보낸 이메일입니다. 빈칸에 알맞은 내용을 써 넣으세요.

영준씨, 잘 지내요? 저도 건강하게 잘 있어요. 수업과 시험이 끝나고 며칠 전에 기말 리포트도 끝났어요. 곧 크리스마스 휴가예요. 크리스마스 휴가가 시작되니까 ＿＿＿＿＿＿＿가 생각나네요. 그때 정말 재미있었잖아요. 그날 같이 보낸 ＿＿＿＿＿,＿＿＿＿＿,＿＿＿＿＿ 모두 보고 싶어요. 우리 같이 찍은 ＿＿＿＿＿＿＿도 함께 보내요.

올해 크리스마스도 같이 보내면 좋을 텐데. 제가 미국에 있어서 같이 보내지 못해 많이 아쉽네요. 참, 미정 씨도 잘 있어요? 미정 씨에게도 ＿＿＿＿＿ 보냈는데 확인을 안 하네요. 미정 씨 보면 편지를 확인하라고 전해 주세요.

크리스마스 잘 보내고 건강 조심해요. 또 연락할게요.

소피아

함께 이야기해 보세요

▷ 어제 친구들과 술을 정말 많이 마셨는데, 그것 때문에 많은 일이 생겼습니다.
어떤 일들이 있었는지 이야기해 보세요.

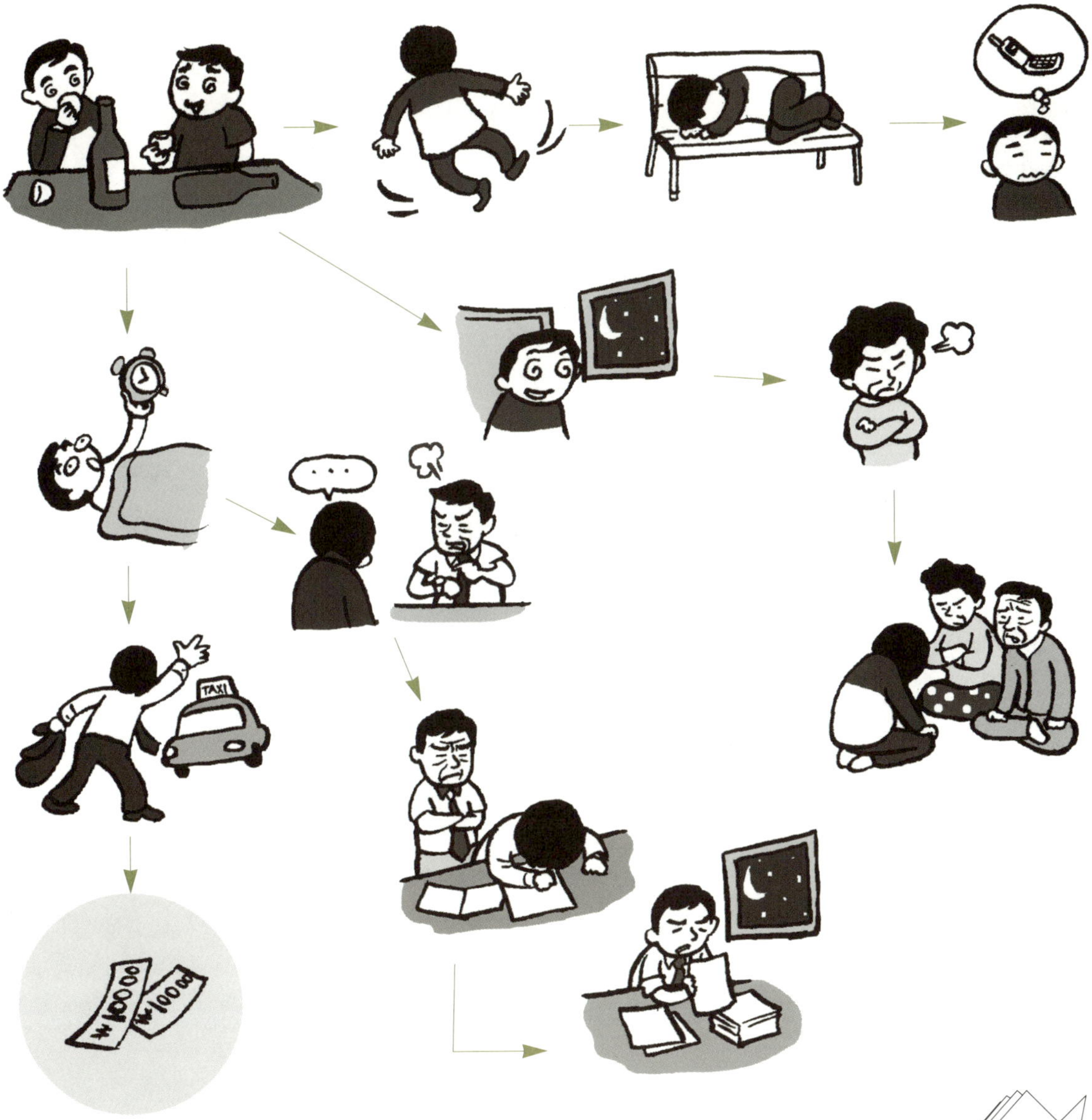

▷ 어떤 사람이 병원에 누워서 자신의 인생을 후회하고 있습니다. 무엇을 후회하고 있는지 이야기해 보세요.

내가 조금만 참았더라면 싸우지 않았을 텐데.
친구들이 놀리더라도 싸우지 말았어야 했는데.
친구들이 놀리더라도 싸우지 말걸.

―더라면 ―았/었을 텐데.
―더라도 ―지 말았어야 했는데.
―더라도 ―지 말걸.

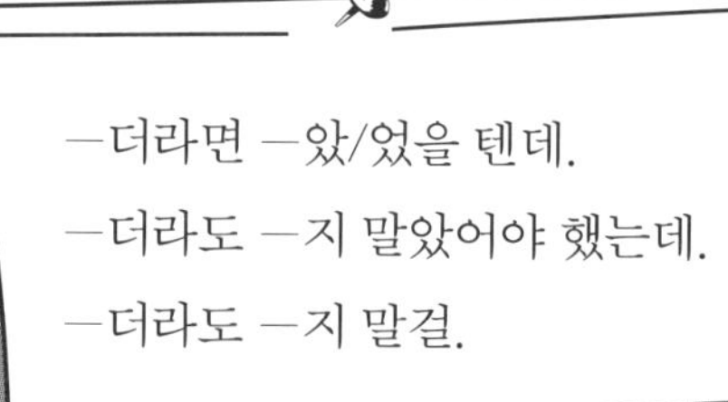

6 축제

이천
도자기 축제
대관령
눈꽃 축제
안동 국제 탈춤
페스티벌
진달래 축제

1. 한국에서 하는 축제에 가 본 적이 있습니까?

2. 언제, 어디서 하는 축제였습니까?

3. 축제 분위기는 어땠습니까?

4. 여러분 나라에도 한국과 비슷한 축제가 있습니까?

▷ 여러분은 인터넷을 통해 어떤 축제를 알게 되었습니까?

─을 통해서

─게 되었다

인터넷

신문 / 잡지

TV 라디오

친구 / ?

한국 민속 축제

- 전통 공연 관람
- 전시회 관람
- 전통문화를 체험

프랑스 와인 축제

- 와인 시음
- 프랑스 도서 전시회
- 프랑스 영화 감상

일본 눈 축제

- 눈·얼음 조각 전시회
- 다양한 공연과 행사

독일 맥주 축제

- 맥주 시음
- 독일 민속 행사
- 닭, 소시지 등의 다양한 안주

브라질 삼바 축제

?

샤오징 씨와 마이클 씨가 한국 전통 축제에 대해 이야기합니다.

샤오징	마이클 씨, 한국에서 하는 축제에 가 본 적이 있어요?
마이클	아니요, 아직 못 가 봤어요.
샤오징	인터넷을 통해서 서울시에서 하는 축제를 알게 됐는데 같이 갈래요?
마이클	좋아요. 한국 축제에 한번 가 보고 싶었는데 잘 됐네요. 어떤 축제예요?
샤오징	한옥 마을에서 하는 단오 축제예요. 여러 가지 전통 공연도 하고 전시회도 할 거래요.
마이클	우와, 그거 재미있겠네요. 그런데 미리 신청하고 가야 하는 건가요?
샤오징	그건 아닌 것 같아요. 제가 전화해 볼게요.
마이클	그럼 전 무슨 행사가, 언제 있는지 홈페이지에서 확인해 볼게요.
샤오징	그래요. 이번 축제를 통해 한국 문화를 체험해 볼 수 있는 기회가 되었으면 좋겠어요.

 ## 잘 들어 보세요 CD2-2

1. 잘 듣고 따라해 보세요.

　1) 여러 가지 전통 공연도 하고 전시회도 할 거래요.

　2) 이 축제를 통해 전통 문화를 체험하고 볼 수 있대요.

　3) 가 : 한국의 전통 의상은 뭐예요?

　　　나 : 한국의 전통 의상은 한복이에요.

2. 잘 듣고 써 보세요.

　1) 가 : 장구가 뭐예요?

　　　나 : 장구는 한국의 ＿＿＿＿＿＿＿＿＿＿예요.

　2) 가 : 인사동에 가 보신 적이 있어요?

　　　나 : 네, 가 본 적이 있어요. ＿＿＿＿＿＿＿＿이 많은 곳이에요.

서울 단오 축제를 통해 한국 문화를 이해하게 되었어요.

1) 서울 페스티벌을 통해서   2) 이 영화를 통해서

____________________   ____________________

____________________   ____________________

| 한국말 수업을 통해서 |

| 친구를 통해서 |

| 유학생활을 통해서 |

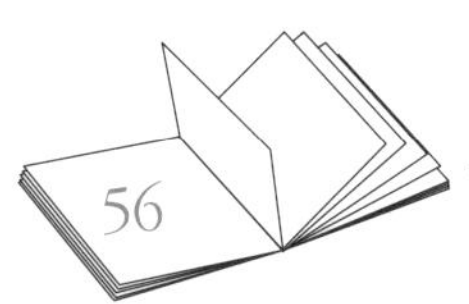

CD2-3

얼마 전에 학교에서 축제가 있었습니다

미카　성균관대학교 축제에서 공연을 했다고 들었는데 혹시 보셨어요?

왕흥　네. 정말 재미있는 공연이었어요.
　　　유명한 가수들을 실제로 볼 수 있어서
　　　좋았어요.

미카　정말 좋았겠네요.

왕흥　네. 특히 사람들이 다 같이 함성도 지르고
　　　노래도 따라 부르는 것이 참 인상적이었어요.

미카　그런데 이번 축제 때 사고가 날 뻔했다면서요?

왕흥　네. 사람들이 앞으로 오려고 하도 밀어서 넘어질 뻔했어요.

미카　정말 큰일 날 뻔했네요. 사람이 많이 모이면 사고가 나기 마련이에요.
　　　그러니까 항상 조심해야 해요.

| 축제를 하면 | 사람들이 모이다
공연이 있다
음식을 팔다
술을 팔다 | 시끄럽다
사고가 나다
쓰레기가 쌓이다 |

축제를 하면 사람들이 모이기 마련이에요

음식을 팔면 쓰레기가 많이 나오기 마련이지요

 ## 잘 들어 보세요 CD2-4

▷ 중국 축제에 대한 이야기입니다. 잘 듣고 답하세요.

1) 중국에서 가장 큰 축제는 무엇입니까? 기간은 얼마나 됩니까?

　① 삼바 축제 ― 1주　　　② 맥주 축제 ― 2주　　　③ 신년 축제 ― 1주

2) 중국에서 설날에 가장 먼저 하는 일은 무엇입니까?

　① 물만두나 중국식 떡을 먹는다.

　② 칼이나 가위를 보이지 않는 곳에 넣는다.

　③ 온 가족이 대청소를 한다.

　④ 폭죽 놀이와 용춤을 춘다.

3) 들은 내용과 맞지 않은 것은 무엇입니까?

①

②

③

④

4) 들은 내용과 맞으면 ○, 틀리면 × 하세요.

　① 중국의 설날은 양력 1월 1일이다. (　　　)

　② 칼이나 가위는 복을 없앤다고 생각한다. (　　　)

　③ 모든 지역에서 물만두와 떡국을 먹는다. (　　　)

　④ 폭죽 놀이와 용춤을 통해 중국 사람들의 마음을 잘 알 수 있다. (　　　)

함께 이야기해 보세요

1. 이런 일들을 하면 어떤 일이 꼭 있는지 친구들과 이야기해 보세요.

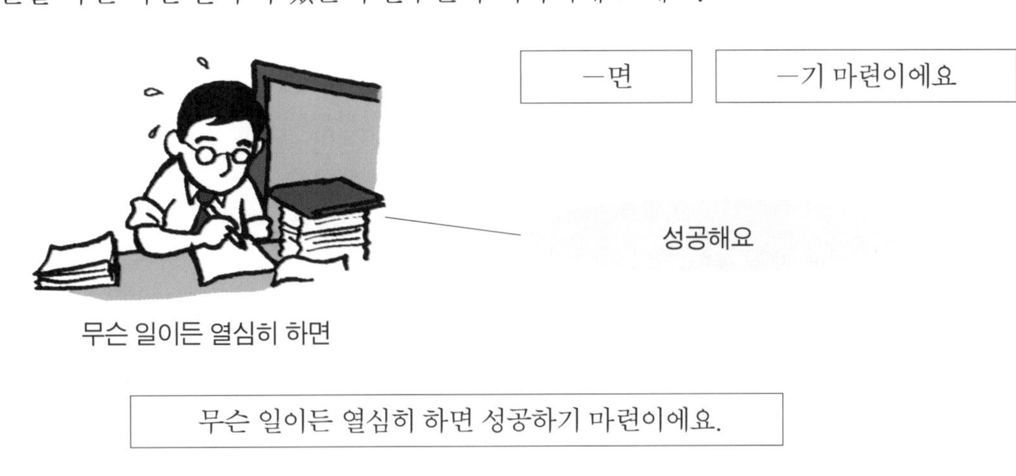

무슨 일이든 열심히 하면 성공하기 마련이에요.

2. 성균어학원에서 공부하는 외국인 학생들이 축제를 하려고 합니다.

　어떤 축제를 하려고 하는지 안내문을 보고 이야기해 보세요

성균어학원에서는 "성균인의 밤"을 통해

한국과 외국 유학생들이 하나가 되는 자리를 준비했습니다.

외국인 학생들이 직접 준비한 문화 소개, 음식, 전통 의상 패션쇼.

그리고 댄스 파티가 여러분들을 기다리고 있습니다.

이번 축제를 통해 여러 나라의 다양한 문화와 친구를 만나 보시기 바랍니다.

- 기간　2006년 5월 18일(목) 15시 ~ 22시
- 장소　경영관 앞 운동장
- 행사　문화 소개 : 13시 ~ 17시
　　　　음식 및 주점 : 13시 ~ 19시
　　　　패션쇼 : 1회 — 15시, 2회 — 19시
　　　　댄스 파티 : 19시~ 22시

자세한 문의는　성균관대학교 성균어학원 02) 725-12＊＊

＊ 이제 여러분도 친구들과 축제 계획을 세워 보세요.

7 맞벌이 부부

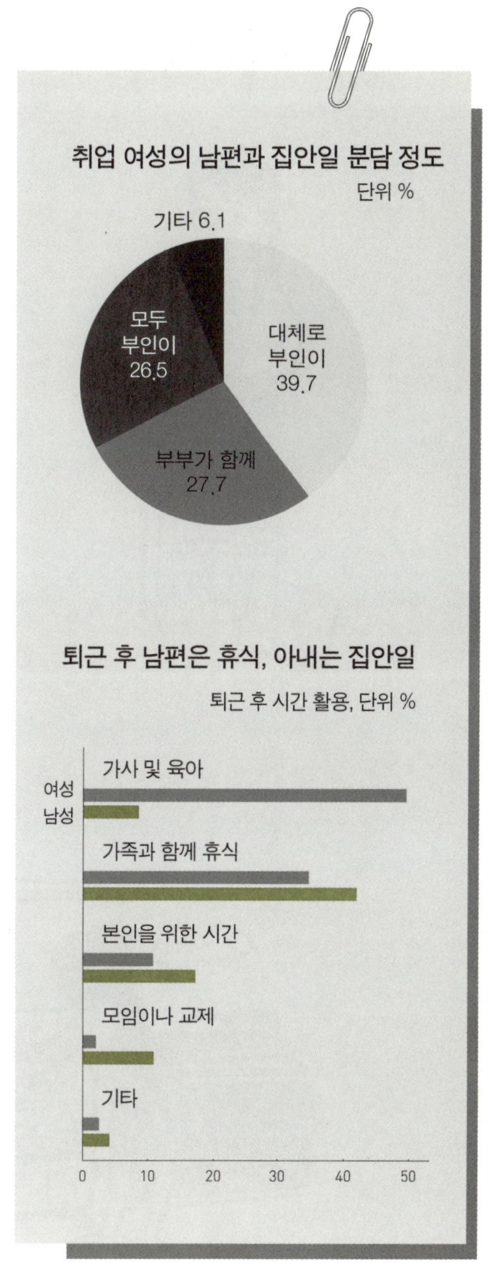

1. 여러분 나라에도 맞벌이 부부가 많습니까?

2. 요즘 맞벌이 부부가 많아지는 이유는 무엇입니까?

3. 맞벌이 부부의 좋은 점과 나쁜 점은 무엇입니까?

7-1 아이를 맡길 만한 곳을 찾고 있어요

▷ 맞벌이 주부의 아침입니다. 어떤 일이 있을까요?

―ㄹ 만하다

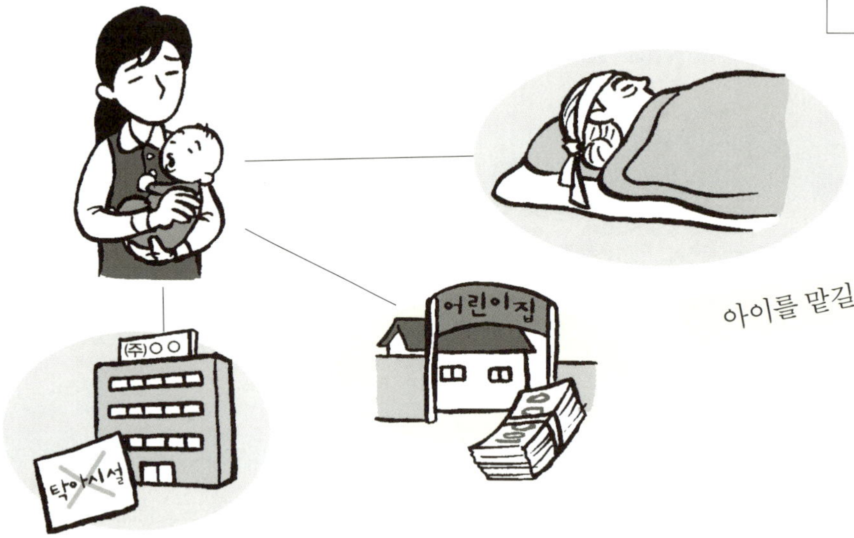

아이를 맡길 만한 곳이 없어요.

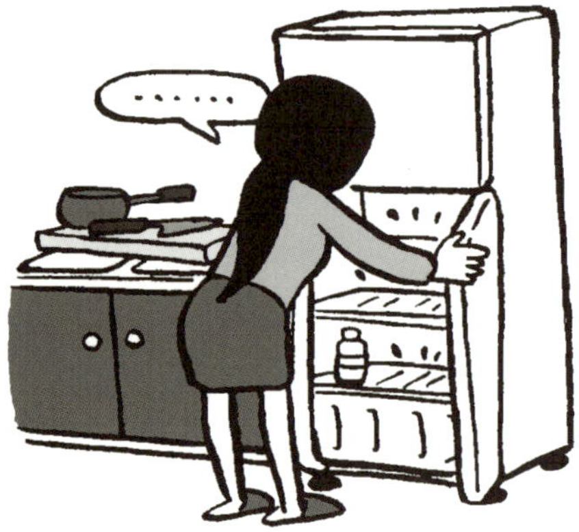

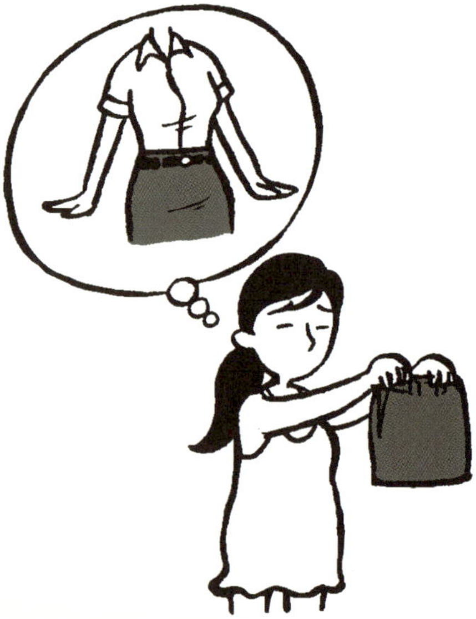

샤오징 씨와 수진 씨가 요즘 어떻게 지내는지 이야기합니다

샤오징　오래간만이네요. 요즘 어떻게 지내세요?

수진　　출산 휴가가 끝나서 다시 회사에 다니고 있어요.

샤오징　그럼 회사에서 일하는 동안 아이는 누가 맡아 주세요?

수진　　어머님께서요. 맡길 만한 곳을 찾았지만 적당한 곳이 없어서 어머님께 맡기고 있어요.

샤오징　그렇군요. 맞벌이 부부에게 육아 문제는 가장 큰 걱정일 거예요.

수진　　맞아요. 아이를 안심하고 맡길 만한 곳이 회사 안에 있으면 좋을 텐데…….

샤오징　글쎄 말이에요. 육아 문제 때문에 직장 여성들이 사회생활하기가 힘들다고 하잖아요.

잘 들어 보세요 CD2-6

1. 잘 듣고 따라해 보세요.

　1) 맡길 만한 곳이 회사 안에 있으면 좋을 텐데…….

　2) 집안일을 어머니께 맡기고 회사에 다닙니다.

　3) 쥐가 고양이에게 쫓기고 있습니다.

　4) 가 : 민수 씨, 요즘 정말 바쁜 것 같아요.

　　　나 : 아르바이트 때문에 항상 시간에 쫓겨서 그래요.

2. 잘 듣고 써 보세요.

　1) 가 : 이번 일을 ＿＿＿＿＿＿＿＿ 사람을 찾고 있어요.

　　　나 : 일이 어려워서 그 일을 할 만한 사람을 찾기 어려울 듯해요.

　2) 가 : 요새 많이 바쁘신가 봐요. 얼굴 보기가 힘들어요.

　　　나 : 집안일도 해야 하고 회사일도 해야 해서 ＿＿＿＿＿＿＿ 그래요.

▷ 다음 글을 읽고 이야기를 해 봅시다

서울에 사는 회사원 정＊＊ 씨는 결혼한 지 3년 된 주부다. 올해 10월에 아이를 낳을 예정이다. 임신 소식으로 남편과 가족 모두는 기뻐하지만 정 씨는 고민이 많다. 아이를 낳는 것보다 아이를 낳은 후에 아이를 맡길 만한 곳이 없기 때문이다.

다른 맞벌이 부부는 보통 시어머니나 친정어머니가 아이를 돌봐 주신다. 그런데 정 씨 부부의 부모님들은 모두 지방에 계셔서 부탁할 수도 없고 육아 휴직을 하는 것도 쉽지 않다.

사실 이런 문제는 정 씨만의 문제가 아니다. 한국에서 맞벌이 부부는 계속 늘고 있지만 육아 문제 때문에 맞벌이 부부는 고민이 많다. 또한 이 문제 때문에 아이를 낳지 않으려고도 한다. 맞벌이 부부의 육아 문제는 이제 사회 문제가 되고 있다.

최강 기자 choikang@hanmail.net

1. 읽고 대답하세요.

1) 정 씨는 무엇이 가장 큰 고민입니까?

2) 보통 맞벌이 부부들의 아이는 누가 돌봐 주십니까?

3) 정 씨 부부의 부모님은 왜 아이를 돌봐 줄 수 없습니까?

4) 요즘 맞벌이 가정에서는 어떤 일이 생기고 있습니까?

2. 친구들과 이야기 해 보세요.

1) 요즘 한국 맞벌이 부부들이 아이를 낳지 않으려고 합니다. 이유는 무엇일까요?

2) 맞벌이 부부의 육아 문제가 왜 사회 문제가 되고 있습니까?

여러분은 이 문제에 대해 어떻게 생각합니까? 여러분의 나라에도 이런 문제가 있습니까?

CD2-7

샤오징 씨와 미선 씨가 만났습니다. 미선 씨의 안색이 안 좋아 보입니다

샤오징　요즘 많이 피곤한가 봐요. 지쳐 보여요.

미선　　집안일을 하면서 회사일도 잘하기가 힘들어요.

　　　　솔직히 말하면 결혼한 것이 후회될 때도 있어요.

샤오징　아니, 왜요?

미선　　집에 가면 집안일을 해야 하는 데다가 밀린 회사일도 해야 해요.

　　　　그래서 스트레스가 쌓여요.

샤오징　남편 분이 집안일을 안 도와주세요?

미선　　청소만 가끔 도와주고 있어요.

샤오징　그럼 남편분에게 집안일을 더 부탁해 보지 그래요?

미선　　제 남편은 남자가 그 정도만 해도 많이 도와주는 거래요.

샤오징　한국 남자들은 집안일은 여자가 하는 일이라고 생각하는 것 같아요.

집에 가면 집안일을 해야 하는 데다가 밀린 회사일도 해야 해요.

아침에 일어나면	아이를 깨워야 해요	식사 준비도 해야 해요
회사에 가면	일이 쌓여 있어요	아이 학교에도 가야 해요
집에 가면	집안일을 해야 해요	아이도 돌봐 줘야 해요

잘 들어 보세요 CD2-8

▷ 잘 듣고 답하세요.

1) 다음을 잘 듣고 맞으면 ○, 틀리면 × 하세요.

① 미선 씨는 회사 다니면서 아이를 키우는 일을 힘들어한다. (　　)

② 남편은 집안일을 하고 아이를 잘 돌봐 준다. (　　)

③ 미선 씨는 집안일과 회사일이 너무 힘들어서 결혼한 것을 후회한다. (　　)

2) 진수는 결혼해도 아이를 낳지 않으려고 합니다. 그 이유가 아닌 것은 무엇입니까? (　　)

① 아이를 낳아서 기르는 일이 힘들어서

② 아이를 교육시키는 일이 부담이 되어서

③ 집안일을 하기 싫어서

④ 부부끼리 즐겁게 지내고 싶어서

맞벌이 주부의 하루

오전 7시 30분

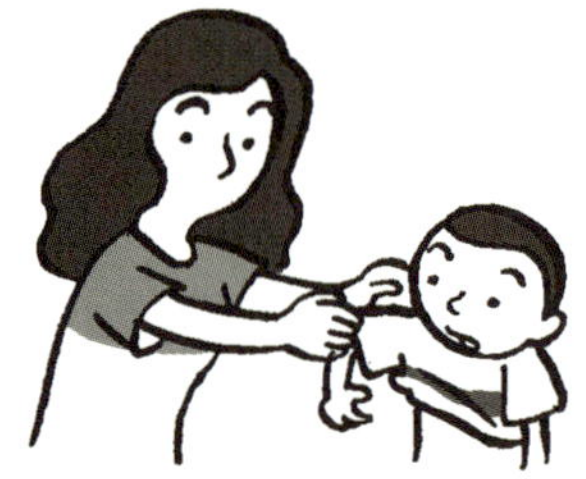

오전 8시 30분

오전 9시

오후 7시 20분

오후 8시

오후 8시~11시

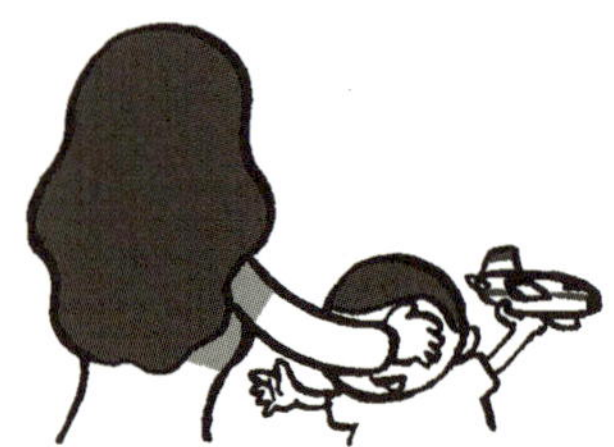

함께 이야기해 보세요

▷ 맞벌이 부부의 고민입니다. 이런 상황이라면 어떻게 하는 것이 좋을까요?
　남편과 아내의 입장에서 이야기해 보세요.
　그리고 이들 부부에게 가장 좋은 방법이 무엇인지 여러분의 생각을 말해 보세요.

저는 3살 된 딸 하나가 있는 직장 여성입니다. 남편과 저는 같은 직장에서 만나 결혼을 하고 맞벌이를 하고 있습니다. 그런데 요즘 남편은 승진을 위해 대학원에서 공부하기 시작했습니다. 저도 너무 피곤하고 힘든데 남편은 자기 일 때문에 집안일을 도와주지 않습니다.
　왜 나만 집안일과 아이를 돌봐야 하지요? 정말 힘들어 죽겠어요.

요즘 소문에 회사가 어려워서 어쩔 수 없이 사원들을 줄일 거라고 합니다. 그래서 저도 어떻게 될지 걱정이 됩니다. 그래서 큰마음 먹고 안정적인 자리를 위해 대학원 공부를 시작했습니다.
　이런 사정도 모르는 아내는 자꾸 공부를 방해하고 잔소리만 합니다. 저를 이해해 주지 않는 아내에게 화가 나려고 합니다.

1. 역할극을 해 보세요.

〈역할극1〉　　남편과 아내를 정해서 부부의 역할을 해 보세요.

〈역할극 2〉　　3명이 각각 상담원, 남편, 아내 역할을 합니다.
　　　　　　　남편과 아내는 상담원에게 찾아가 자신의 사정을 이야기하고
　　　　　　　상담원은 이 부부에게 조언을 해 보세요.

2. 여러분은 어떻게 생각하는지 친구와 이야기해 보세요.

8 생활 예절

1. 한국에서 지켜야 할 예절은 어떤 것이 있는지 압니까?

2. 여러분 나라와 비슷한 것과 다른 것을 이야기해 보세요.

▷ 한국에서 옛 어른들이 하면 안 된다고 말하는 행동들이 있습니다.
왜 어른들은 그런 행동들을 하면 안 된다고 말하는 걸까요?
여러분은 그 말을 믿으십니까?

마이클 씨는 오늘 대학교 면접 시험이 있습니다. 많이 긴장한 모양입니다

성준　다리를 떠는 것을 보니까 많이 떨리는 모양이군요.

마이클　예, 조금 긴장이 되네요.

성준　한국에서는 다리를 떨면 복이 달아난다고 해요.

마이클　네? 다리를 떨면 복이 달아난단 말이에요? 전 처음 듣는 소린데요.

성준　옛날부터 어른들이 아이들에게 많이 하시던 말씀이에요.

마이클　그래요? 성준 씨도 그렇게 생각해요?

성준　글쎄요? 옛 어른들처럼 그렇게 믿지는 않지만 다리를 떨고 있는 모습이 별로 좋아 보이지 않아요.

마이클　정말 다리를 떨면 자신감도 없어 보이고 예의도 없어 보일 수 있겠네요.

성준　그러니까 긴장을 풀고 편안하게 앉아 기다려 보세요.

잘 들어 보세요 CD2-10

1. 잘 듣고 따라해 보세요.

　1) 다리를 떨면 복이 달아난단 말이에요?

　2) 이번 주까지 자료 조사를 다 해야 한단 말이에요?

　3) 가 : 아버지한테서 술을 배웠어요.

　　　나 : 아버지한테서 술을 배웠단 말이에요?

2. 잘 듣고 써 보세요.

　1) 가 : 올해 선생님 아이가 초등학교에 간대요.

　　　나 : 네? ＿＿＿＿＿＿＿＿＿? 저는 그런 줄 몰랐어요.

　2) 가 : 저는 어제 노트북을 샀는데 250만원을 주고 샀어요.

　　　나 : 네? 그렇게 ＿＿＿＿＿＿＿＿＿?

함께 이야기해 보세요

▷ 여러분 나라에서도 어른들이 하지 말라고 하는 행동들이 있습니까?

어떤 행동들입니까? 그리고 왜 하지 말라고 합니까?

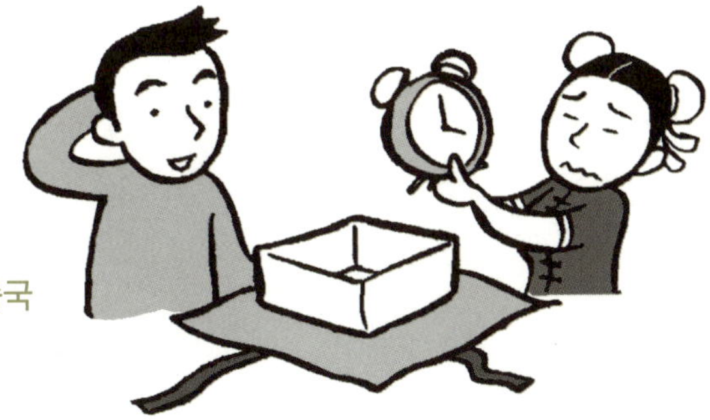

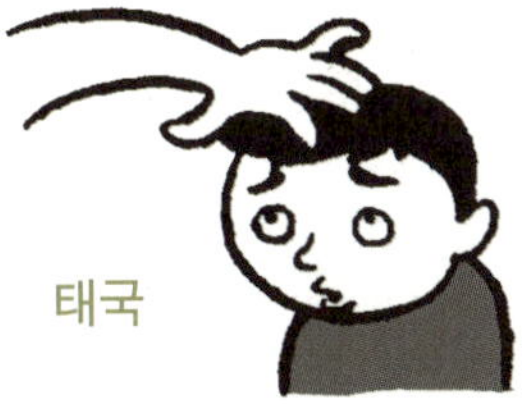

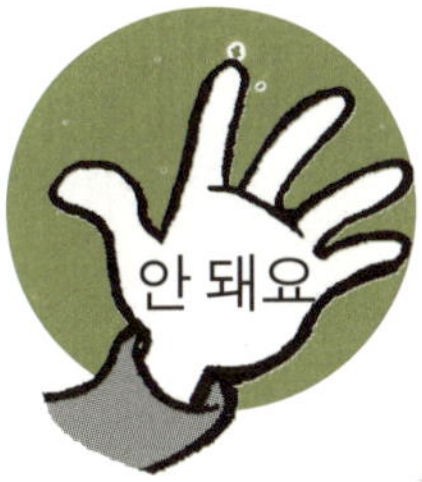

|＿＿＿＿ 씨의 나라 |

|＿＿＿＿ 씨의 나라 |

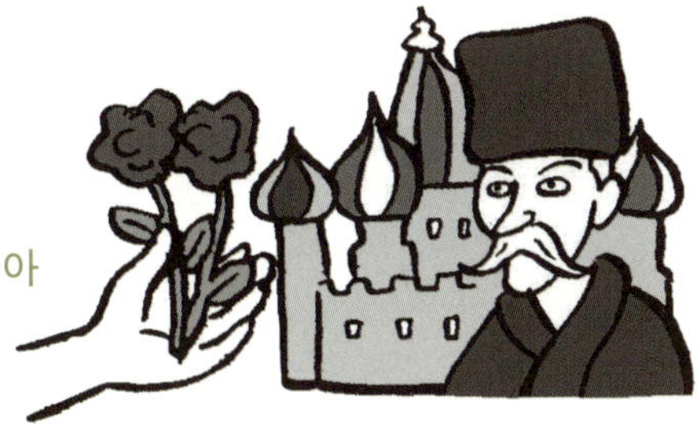

CD2-11

미카 씨가 약속 시간에 30분이나 늦었습니다

미카   미안해요. 일찍 온다는 것이 길이 막히는 바람에 늦었어요.

소라   괜찮아요. 미카 씨가 오기 전까지 드라마를 보고 있었어요.

미카   휴대폰으로 드라마를 봤다고요?

소라   네, 요즘 휴대폰으로 별거 다 해요.

      노래도 듣고 TV도 보고 은행 일도 할 수 있어요.

미카   그러네요. 요즘은 휴대폰으로 못하는 게 없는 것 같아요.

소라   하지만 휴대폰을 사용하는 사람들의 문제도 많아졌어요.

미카   맞아요. 지하철이나 길거리에서 큰소리로 이야기하고 아무 데서나 사진 찍는 것
      은 좀 보기 안 좋아요.

소라   전 핸드폰 벨소리나 게임할 때 나는 소리도 듣기 싫어요.

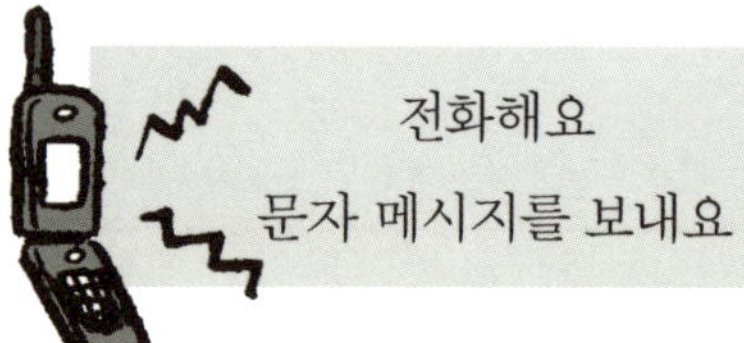
전화해요
문자 메시지를 보내요

이메일을 보내요/ 확인해요
홈페이지를 관리해요

휴대폰으로 뭘 한다고요?

계좌 이체를 했어요

교통카드

영화/드라마를 봐요
음악을 들어요

 ## 잘 들어 보세요 CD2-12

▷ 다음은 어떤 광고입니다. 잘 듣고 답하세요.

1) 이 행동들은 어디에서 지켜야 할 예절입니까?

① 도서관　　　　　② 지하철　　　　　③ 공원　　　　　④ 운동장

2) 무엇을 말하려는 광고입니까?

① 자신감을 가지세요.　　　　　② 무슨 일이든 최선을 다 하세요.

③ 운동을 하세요.　　　　　④ 대중교통에서 예절을 지키세요.

3) 잘 듣고 관계가 있는 것끼리 연결해 보세요.

① 크게 말하세요.　　　　・　　　・ ㉠ 앉을 때 옆 사람에게 피해를 주지 마세요.

② 계속 말하세요.　　　　・　　　・ ㉡ 용건만 간단히 말하세요.

③ 다리 쫙 벌리고 신문 보세요. ・　　　・ ㉢ 조용히 이야기하세요.

공공장소에서 볼 수 있는 안내문

함께 이야기해 보세요

▷ 일상생활에서 없어서는 안 되는 생활 필수품 휴대전화!

1) 여러분은 휴대전화로 무엇을 합니까? 그리고 무엇을 할 수 있습니까?

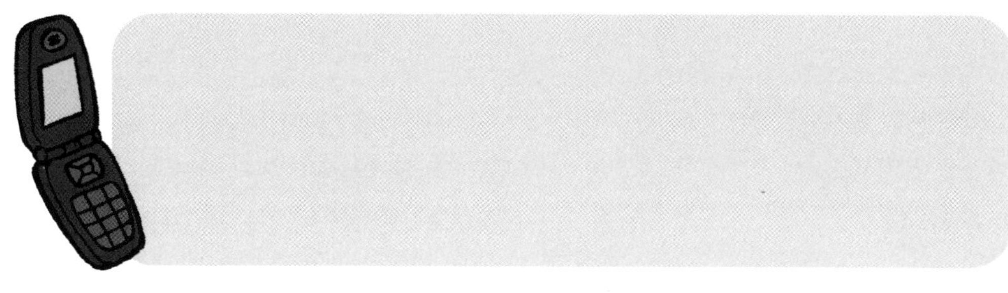

2) 휴대전화를 사용할 때 이런 행동들은 정말 마음에 들지 않아요?

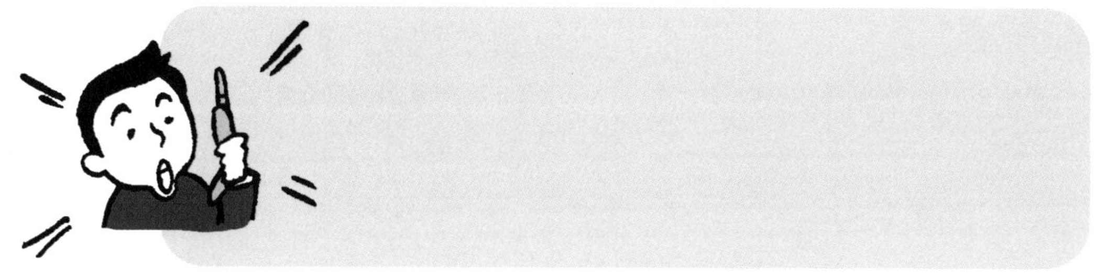

3) '휴대전화 예절'이라는 말을 들어 본 적이 있습니까?

　서로 지켜야 할 기본 예절은 어떤 것이 있을까요?

극장이나 공연장에서　　　　　지하철이나 공공장소에서　　　　　학교나 직장에서

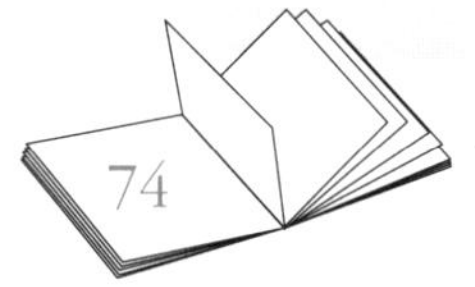

9 옛날이야기 속으로

1. 옛날이야기를 좋아합니까? 왜요?

2. 한국의 옛날이야기 중에 아는 이야기가 있습니까? 어떤 이야기입니까?

3. 여러분 나라의 옛날이야기와 비슷합니까? 아니면 다릅니까?
   어떤 점이 비슷하고 어떤 점이 다릅니까?

9-1 옛날에 개미와 베짱이가 살고 있었습니다

▷ 다음 그림을 보고 어떤 이야기를 만들 수 있습니까?

옛날에 개미와 베짱이가 살고 있었습니다. 무더운 여름날 개미들은 땀을 뻘뻘 흘리며 일을 하고 있었습니다. 그때 베짱이는 시원한 나무 그늘에 앉아서 노래를 부르고 있었습니다.

어느 날, 베짱이는 열심히 일하고 있는 개미에게 물었습니다.

"이 더운 날에 너는 무엇을 위해 그렇게 열심히 일을 하니? 나처럼 그늘에서 쉬는 게 어때? 여기 정말 시원하고 좋아."

베짱이는 열심히 일하는 개미들을 도와주기는커녕 약을 올렸어요.

베짱이가 하는 말에 개미는 화가 났지만 친절하게 대답했습니다.

"겨울에 먹을 것을 준비하려면 그렇게 놀고 있을 시간이 없어."

개미는 다시 열심히 일했습니다.

"흥. 정말 바보 같은 짓이야. 이 여름에 벌써 겨울 걱정을 하고."

베짱이는 개미들이 바보 같다고 생각했습니다.

마침내 여름이 가고 나뭇잎이 떨어지는 가을도 가고 겨울이 되었습니다. 개미들은 난롯가에 모여 앉아 맛있는 간식을 먹으며 즐겁게 시간을 보내고 있었습니다. 그때 배가 고픈 베짱이가 부끄러워하며 작은 목소리로 중얼거렸습니다.

"저, 먹을 것 좀 주세요."

 잘 들어 보세요 CD2-14

1. 잘 듣고 따라해 보세요.

  1) 나뭇잎이 떨어지는 가을도 가고 겨울이 되었습니다.

  2) 고기를 상추와 깻잎에 싸 먹으면 맛있어요.

2. 잘 듣고 써 보세요.

  1) ________을 모르니까 여행자 보험을 들어 놓으세요.

  2) ________이 쌓여 있어요.

함께 이야기해 보세요

1. 앞에 이야기에 대해 친구들과 이야기 해 보세요.

이 이야기에는...		
누가 나옵니까?		베짱이
성격이 어떻습니까?	부지런하다	
어떤 내용입니까?		

2. 베짱이가 "저 , 먹을 것 좀 주세요"라고 한 마지막의 뒷이야기를 만들어 보고, 그림도 그려 보세요.

그런데 개미는…

▷ 다음 글을 읽고 이야기를 해 봅시다

    옛날에 개미와 베짱이가 살고 있었습니다. 여름 내내 노래만 부르고 놀기만 했던 베짱이는 겨울이 되니까 돈도 없고 먹을 것도 없었습니다. 베짱이는 할 수 없이 길거리에서 노래를 부르기 시작했습니다. 그런데 사람들이 그의 노래를 좋아했습니다. 자신감이 생긴 베짱이는 음반 회사를 찾아갔습니다. 신곡도 발표하고 방송에도 출연했습니다. 베짱이는 큰 인기를 얻어 유명한 가수가 되었습니다. 베짱이는 인기뿐만 아니라 돈도 많이 벌게 되어 부자가 되었습니다.

    한편 개미는 여름 내내 열심히 일하다가 그만 허리 디스크에 걸렸습니다. 그래서 병원에 다니며 고생을 해야 했습니다. 개미는 그동안 힘들게 모은 재산을 수술비와 약값으로 다 썼습니다. 아기 개미들은 일만 하다가 병에 걸린 아빠보다 베짱이를 부러워했습니다. 내년에는 자기들도 노래를 열심히 배워야겠다고 생각했습니다.

1. 읽고 답해 보세요.

    1) 이야기에는 누가 나옵니까?

    2) 어떤 내용입니까?

    3) 여러분이 아는 내용과 어떻게 다릅니까?

    4) 여러분은 이 이야기를 읽고 어떤 생각을 했습니까? 친구들과 이야기해 보세요.

2. 친구들과 함께 새로운 이야기를 만들어 보세요.

    옛날에 개미와 베짱이가 살고 있었습니다.

9-2 아무것도 보이지 않았습니다

CD2-15

옛날에 어느 마을에 마음씨 착한 나무꾼이 살았습니다. 하루는 나무꾼이 나무를 하러 산에 올라갔습니다. 열심히 나무를 하다 보니까 날이 어두워졌습니다. 나무꾼은 할 수 없이 하룻밤을 보낼 수 있는 집을 찾았습니다. 그렇지만 날이 어두워서 아무것도 보이지 않았습니다.

그런데 갑자기 어디선가 이상한 불빛이 ____________. 나무꾼은 그곳으로 달려갔습니다. 그곳에 집이 있었습니다. 작지만 따뜻해 보이는 집이었습니다. 그 집을 보니 아무도 없는 것 같았습니다. 나무꾼은 안심을 하고 방안으로 들어갔습니다. 방 안에는 맛있는 밥상이 ____________ 있었습니다. 나무꾼은 배가 하도 고파서 밥을 먹었습니다. 배가 부른 나무꾼은 피곤했는지 그만 잠이 들었습니다.

한참을 자는데 갑자기 이상한 바람 소리가 ____________. 나무꾼은 눈을 떴습니다. 그때 갑자기 불이 _________. 그리고 문이 ____________. 나무꾼은 소리를 지르고 싶었지만 소리가 나오지 않았습니다. 다리가 덜덜 ____________기 시작했습니다. 겁이 나서 도망가고 싶었습니다. 그때 하얀 옷을 입은 여자가 방 안으로 소리 없이 들어왔습니다. 나무꾼은 너무 놀라 무서웠지만 용기를 내서 누구냐고 물었습니다. 여자는 갑자기 울기 시작했습니다.

보다 / 보이다	열다 / 열리다
듣다 / 들리다	끄다 / 꺼지다
떨다 / 떨리다	놓다 / 놓이다

▷ 여러분은 무서운 이야기를 좋아합니까? 이것은 옛날이야기 중에 한 부분입니다.

　그림을 보고 이야기해 보세요.

잘 들어 보세요 `CD2-16`

▷ 잘 듣고 답하세요.

1) 다음을 잘 듣고 맞으면 ○, 틀리면 × 하세요.

　① 로라는 옛날이야기를 좋아한다. (　　)

　② 옛날이야기에는 착한 사람이 행복해지고 나쁜 사람은 불행해진다. (　　)

　③ 아이들은 옛날이야기를 좋아한다. (　　)

　④ TV 프로그램이나 인터넷 게임을 통해 아름다운 말과 지혜를 배울 수 있다. (　　)

2) 로라는 무엇을 걱정합니까?

　① TV 프로그램이나 인터넷 게임이 많아서

　② TV 프로그램이나 인터넷 게임이 생각없이 하는 것이라서

　③ TV 프로그램이나 인터넷 게임이 지혜가 있어서

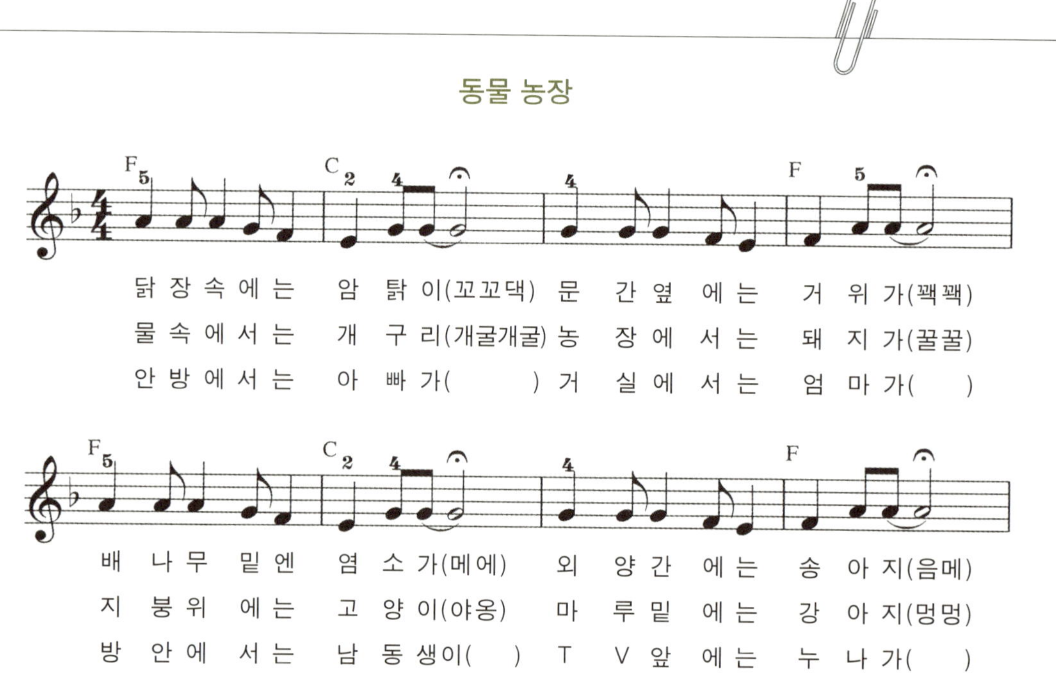

 ## 함께 이야기해 보세요

▷나무꾼이 자고 있는 방이 지금 어떤 상태인지 친구에게 설명해 주세요.

창문이 ____

문이 ____

불이 ____

나무꾼이 ____

벽에 옷이 ____

거미가 ____

방바닥에 밥상이 ____

방바닥에 그릇이 ____

▷ 의태어(모양을 나타내는 표현)

▷ 의성어(소리를 나타내는 말)

한국 사람들

1. 여러분이 한국에 대해서 아는 것은 무엇입니까?

2. 한국에 오기 전에 한국이나 한국 사람하면 무엇이 제일 먼저 생각났습니까?

3. 한국에서 살면서 알게 된 한국, 한국 사람은 어떻습니까?

10-1 태권도를 배우러 가는 길이에요

▷ 어떤 두 가지를 비교해서 말할 때 어떻게 말할까요?

—만 못하다

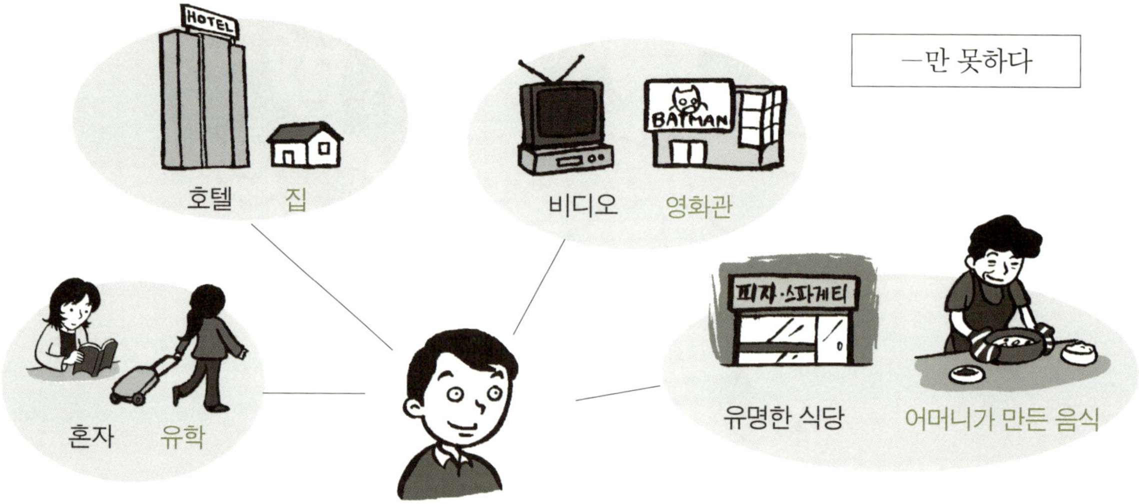

혼자 공부하는 것은 유학하는 것만 못해요

작년
형
시장
도시

—에 비하면

올해
동생
백화점
시골

생활하기
성격
물건값
교통

—이/가 어때요?

1970년대에 비하면 2000년대는 생활하기가 편리해졌어요

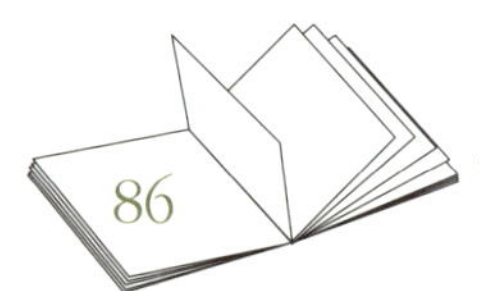

마이클 씨가 태권도장에 가는 길에 성준 씨를 만났습니다.

성준　마이클 씨, 안녕하세요? 지금 어디 가는 길이세요?

마이클　태권도를 배우러 도장에 가는 길이에요.

성준　마이클 씨, 태권도를 잘하세요?

마이클　아니요, 잘 못하지만 재미있어요. 성준 씨도 태권도 할 줄 알아요?

성준　네, 고등학교 때 동아리 활동을 했어요.

마이클　그럼 태권도를 굉장히 잘하겠네요.

성준　아니에요. 한참 동안 안 해서 실력이 예전만 못해요.

마이클　그런데 태권도를 배워 보니까 건강해지는 것 같아요.

성준　태권도를 배우면 몸에도 좋을 뿐만 아니라 한국인의 정신도 느낄 수 있을 거예요.

마이클　맞아요. 태권도를 배워 보니까 한국에 대해 조금 더 알 것 같아요.

성준　그래서 그런지 예전에 비하면 전통 문화를 배우려는 사람들이 많아지고 있어요.

 잘 들어 보세요 CD2-18

1. 잘 듣고 따라해 보세요.

　1) 태권도를 굉장히 잘하겠네요.

　2) 예전에는 그 가수의 인기가 굉장했다고 들었어요.

　3) 가 : 옛날에는 서울에서 부산까지 굉장히 오래 걸렸는데…….

　　 나 : 요새는 교통이 좋아져서 얼마 걸리지 않아요.

2. 잘 듣고 써 보세요.

　1) 가 : 어제는 시청 앞이 응원 때문에 ____________ 들었어요.

　　 나 : 네. 정말 귀가 떨어질 뻔했어요.

　2) 가 : 집에서 나와 혼자 산다면서요?

　　 나 : 혼자 사는 것이 처음에는 ____________ 힘들었어요.

함께 이야기해 보세요

▷ 예전에는 잘했는데 지금은 못하게 된 것이 있습니까? 그렇게 된 이유는 무엇입니까?

예전에는	지금은	—만 못하다
		왜요?

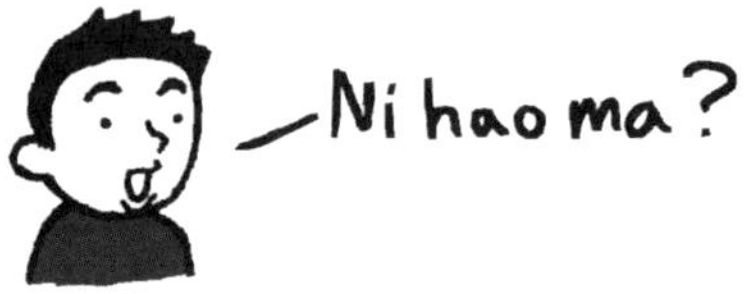

CD2-19

나오코 씨는 어제 길거리 응원에 갔다가 왔습니다.

성준　나오코 씨, 어제 길거리 응원 갔다가 왔다면서요? 어땠어요?

나오코　네, 지수 씨랑 서점에 가는 길에 구경하게 됐는데 정말 굉장했어요.

성준　저도 시청 앞에 가고 싶었는데 일이 있어서 회사 동료들과 응원했어요.

나오코　"대한민국"만 외치면 모두 하나가 되는 건 정말 놀라웠어요.

성준　저도 한국 사람이지만 참 신기하게 생각해요.
　　　나오코 씨, 이거 붉은 악마 머리띠 아니에요?

나오코　네, 모두들 이거 하고 응원하길래 저도 하나 샀어요.

성준　예전에는 악마라는 말은 나쁜 의미만 있었는데 2002년 붉은 악마 때문에 그
　　　의미나 느낌이 많이 달라졌어요.

나오코　그래요. 저도 처음에는 무서웠는데 이젠 친근하게 느껴져요.

서점에 가다 → 구경하게 되다

백화점에 가다 → 응원에 참여하게 되다

덕수궁 구경을 가다 → 시청 광장에서 응원하게 되다

명동에 쇼핑을 하러 가다 → 사람들과 함께하게 되다

붉은 악마 머리띠

붉은 악마 티셔츠

태극기 손수건

월드컵 기념 깃발

 서점에 가는 길에 구경하게 됐는데 정말 굉장했어요.

이거 붉은 악마 머리띠 아니에요?

 **잘 들어 보세요** CD2-20

▷ 리사와 민주의 대화입니다. 잘 듣고 질문에 답하세요.

1) 요즘 태극기가 사용되는 곳을 모두 고르세요.

2) 과거와 현재, 태극기와 애국가에 대한 생각이 어떻게 바뀌었습니까?

	과거	현재
태극기	· ①___________에만 사용했다.	· 태극기로 ②_______나 ③______을 만들어 입는다.
애국가	· 애국가가 나오면 ④________까지 움직이지 않았다.	· 애국가를 부르면서 ⑤______을 춘다.

3) 대화 내용과 맞으면 ○, 틀리면 × 하세요.

① 리사와 민주는 응원하는 곳에 나와 있다. (　　)

② 지금 나오는 애국가는 예전 것에 비해 빠르고 힘이 있다. (　　)

③ 현재 사람들은 태극기가 한국을 대표한다고 생각하지 않는다. (　　)

④ 태극기나 애국가가 바뀌는 것에 대해 어른들은 좋아하지 않는다. (　　)

함께 이야기해 보세요

1. 한국을 대표하는 것이 무엇인지 친구와 이야기해 보세요.

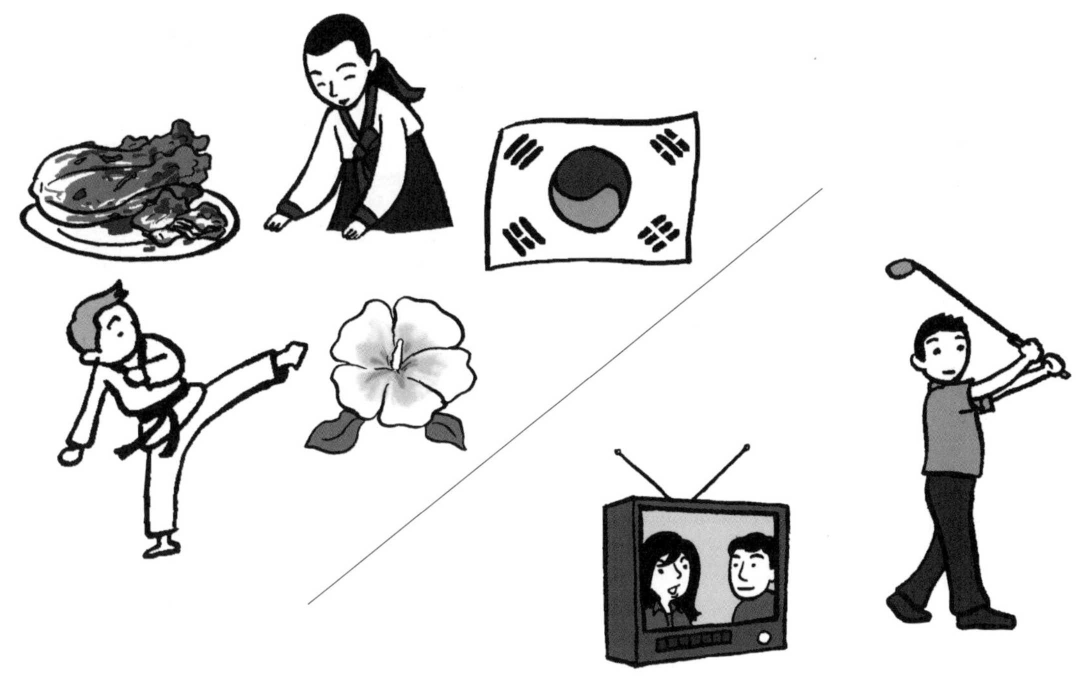

2. 여러분 나라를 대표하는 것들은 무엇입니까? 친구들에게 소개해 보세요.

3. 태극기는 무슨 의미일까요?

흰색 바탕	밝다, 깨끗하다
태극	빨강 : 하늘
	파랑 : 땅
건	하늘, 봄, 동쪽
곤	땅, 여름, 서쪽
감	달, 겨울, 북쪽
이	태양, 가을, 남쪽

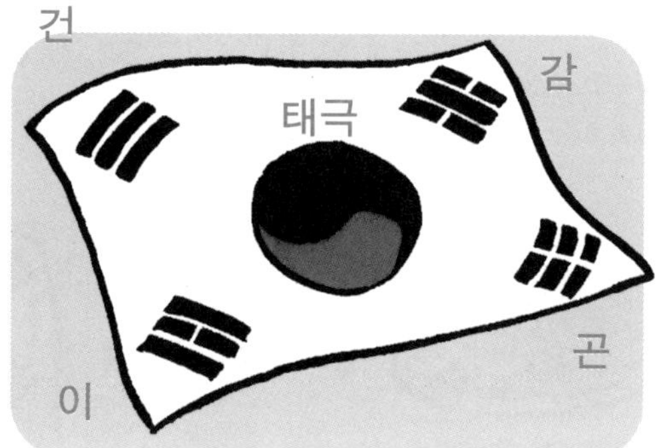

4. 여러분 나라의 국기를 그리고 친구들에게 국기의 의미에 대해 이야기해 주세요.

듣기 문제 지문과 답
English Translation
성균어학원 한국어교재 편찬위원회

제1과 문병

15쪽

CD1-1

성준 씨가 병원에 입원했습니다. 그래서 샤오징 씨가 왕홍 씨에게 알려 줍니다.

샤오징 왕홍 씨, 성준 씨가 어젯밤에 병원에 입원했대요.

왕홍 정말요? 왜 입원했대요?

샤오징 과로로 쓰러져서 입원했대요.

왕홍 그렇게 열심히 공부하더니 결국 쓰러졌군요. 몸이 많이 안 좋대요?

샤오징 아직 잘 모르겠어요. 그래서 오늘 문병 가려고 하는데 같이 가실래요?

왕홍 좋아요. 저도 같이 가요. 어느 병원이래요?

샤오징 혜화동에 있는 성균 병원이래요. 6시 넘으면 면회가 안 된다고 하니까 오후 4시에 성균 병원 앞에서 만나요.

15쪽

CD1-2

1. 잘 듣고 따라해 보세요.

　　1) 어젯밤에 병원에 입원했대요.

　　2) 한국에서는 윗사람을 보면 인사를 해야 합니다.

　　3) 햇빛이 따뜻해서 밖에 나가 점심을 먹기로 했어요.

　　4) 가 : 왜 이렇게 시끄러워요?

　　　나 : 아랫집에서 공사를 해서 그래요.

2. 잘 듣고 써 보세요.

　　1) 가 : 언제부터 아프기 시작했어요?

나 : <u>어젯밤</u> 스케이트를 타고 난 후부터 아프기 시작했어요.
2) 가 : 설날에는 주로 무엇을 먹습니까?
　　나 : 가족들과 함께 떡국이나 <u>만둣국을</u> 먹습니다.

CD1-3

샤오징 씨와 왕홍 씨가 성준 씨 문병을 갔습니다.

왕홍　　성준 씨, 몸은 어때요? 많이 아파요?

성준　　아니요, 괜찮아요.

샤오징　안색이 안 좋은 걸 보니까 아직도 많이 아픈 것 같은데요.

성준　　아니에요. 어젯밤에는 좀 많이 아팠는데, 지금은 나아졌어요.

왕홍　　그런데 어쩌다가 입원하게 된 거예요?

성준　　도서관에서 쓰러졌어요. 며칠 밤을 새웠더니 몸이 안 좋아졌나 봐요.

샤오징　언제쯤 퇴원 할 수 있대요?

성준　　사흘 후에는 퇴원할 수 있을 거래요.

왕홍　　빨리 나았으면 좋겠어요.

CD1-4

유미 씨가 아파서 병원에 갔습니다. 대화를 잘 듣고 답하세요.

의사　어디가 아파서 오셨습니까?

유미　눈병에 걸린 것 같아요.

의사　증상이 어떻습니까? 자세히 말씀해 보십시오.

유미　어제는 눈에 뭐가 들어간 것같이 아프더니 오늘 아침에는 눈이 빨갛게 되었어요.

의사　어디 한번 봅시다. 이쪽을 보세요.

(시간 경과)

의사　어제 손으로 눈을 비볐습니까?

유미   아니요. 눈을 비빈 적은 없는데요.

의사   그럼 요새 잠은 잘 주무십니까?

유미   아니요. 일이 많아서 며칠 동안 잘 못 잤어요.

의사   살펴보니까 눈병은 아니고 피곤해서 눈이 충혈된 것 같습니다.

유미   그럼 어떻게 해야 하나요?

의사   안약을 드릴 테니 안약을 넣으세요. 안약을 넣으면 충혈된 것은 없어질 것입니다. 그리고 집에 가서 푹 쉬세요. 주무시고 나면 나아질 겁니다.

1) 대화 내용을 잘 듣고 맞으면 ○, 틀리면 × 하세요.

   ① 유미 씨는 눈이 아파서 안과에 갔다.

   ② 지금 유미 씨의 눈은 빨갛게 충혈되어 있다.

   ③ 의사는 유미 씨에게 눈병에 걸렸다고 말했다.

   ④ 유미 씨는 안약을 넣고 쉬어야 한다.

2) 유미 씨는 왜 병원에 갔습니까?

3) 유미 씨는 병원에 갔다 온 후에 일기를 썼습니다.

   대화 내용을 생각하며 빈칸에 알맞은 말을 넣으세요.

답)   1) ① ○   ② ○   ③ ×   ④ ○   2) ③

     3) ① 아프더니   ② 눈병   ③ 충혈된   ④ 안약

제2과 소문

CD1-5

성준 씨, 나오코 씨, 샤오징 씨가 수진 씨의 결혼 소식에 대해서 이야기합니다.

성준   나오코 씨, 소문 들었어요? 수진 씨가 결혼을 한대요.

샤오징   네. 저도 수진 씨가 선 본 사람과 결혼한다고 들었어요.

나오코   수진 씨가 선을 봤다더니 결혼을 하는군요. 결혼할 사람이 어떤 사람이래요?

샤오징   조건도 좋고 성격도 좋은 사람이래요.

성준   네. 한국 대학교를 졸업하고 대기업에 다닌대요.

샤오징   호랑이도 제 말 하면 온다더니 저기 수진 씨가 오네요.

수진   오랜만이에요. 무슨 얘기를 그렇게 재미있게 하고 있어요?

샤오징   수진 씨 얘기하고 있었어요.

23쪽   CD1-6

1. 잘 듣고 따라해 보세요.

  1) 선을 봤다더니 결혼을 하는군요.

  2) 열심히 공부했다더니 결국 합격했군요.

  3) 많이 아팠다더니 힘이 없어 보이는군요.

  4) 가 : 밤을 새웠다더니 오늘 피곤해 보이는군요.

     나 : 네, 오늘 좀 많이 피곤하네요.

2. 잘 듣고 써 보세요.

  1) 가 : 진수 씨가 소개팅에서 만난 사람과 사귄대요.

     나 : 첫인상이 좋았다더니 그 사람과 사귀는군요.

  2) 가 : 소문 들었어요? 수정 씨가 시험에 합격했대요.

     나 : 시험을 잘 봤다더니 시험에 합격했군요.

25쪽   CD1-7

성준 씨, 샤오징 씨, 나오코 씨가 수진 씨에게 결혼할 사람에 대해서 물어 봅니다.

성준   수진 씨, 결혼을 한다면서요? 정말이에요?

수진   네. 발 없는 말이 천 리 간다더니 정말 소문이 빠르네요. 그런데 누구한테 들었
          어요?

나오코   저는 지금 성준 씨하고 샤오징 씨한테 들었어요.

샤오징   저는 준석 씨한테 들었어요. 얼마 전에 선을 본 사람과 결혼을 한다고요.

성준   저는 마이클 씨한테 들었어요. 마이클 씨는 준석 씨한테 들었다고 했어요.

수진   준석 씨에게 비밀이라고 했는데, 준석 씨가 입이 가볍군요.

나오코   결혼할 사람이 조건도 좋고 성격도 좋은 사람이라면서요?

수진   조건보다는 첫인상이 정말 좋았어요. 첫눈에 반해서 거의 매일 만났어요.

26쪽   CD1-8

1. 성준과 소라의 대화입니다. 대화 내용과 어울리는 속담은 무엇입니까?

성준   소라야, 너 어학 연수 간다면서? 진짜니?

소라   그 얘기는 어디에서 들었어?

성준   나오코한테 들었어. 나오코를 오늘 낮에 봤는데 그렇게 말하던데.

소라   난 나오코한테 그런 얘기 한 적 없는데 어떻게 알았을까?

성준   나오코는 샤오징한테 들었다고 했어.

소라   난 샤오징한테도 이야기한 적이 없는데 정말 이상하다.

답) ②

26쪽   CD1-9

2. 대화 내용과 어울리는 그림은 무엇입니까? 그림 밑에 속담을 적어 보세요.

여진   민수 씨, 뭘 그렇게 힘들게 옮기고 있어요?

민수   책상을 저쪽으로 옮기려고 하는데, 책상이 꽤 무겁네요.

여진   제가 도와드릴까요?

민수   아니에요. 여진 씨가 무슨 힘이 있겠어요? 그냥 제가 할게요.

여진   그래도 한 사람이 하는 것보다는 두 사람이 하는 것이 더 쉬울 거예요.
       같이 들어요.

민수   정말 고맙습니다.

답) ①

CD1-10

3. 소문을 잘 듣고 답하세요.

철수   게이코 씨 소문 들었어요? 게이코 씨가 일본 회사에 취직해서 다음 주에 일본에
       돌아간대요. 유명한 자동차 회사인데, 그 회사에서 자동차 디자인을 할 거래요.
       정말 좋겠죠?

   1) 게이코 씨는 어떤 일을 할 것입니까?
   2) 밑줄 친 곳에 맞는 말을 쓰십시오.

답)   1) ①   2) ① 일본 회사   ② 자동차   ③ 디자인

제3과 피로연

CD1-11

유미 씨가 나오코 씨를 길에서 만났습니다.

유미   나오코 씨 오늘 무슨 일 있어요? 왜 그렇게 예쁘게 입었어요?
나오코   오늘 결혼식이 있어서 예쁘게 입었어요.
유미   누가 결혼하는데요?
나오코   회사 동료인 수진 씨가 결혼을 해요.
유미   결혼식은 어디에서 해요? 여기에서 멀어요?

나오코　결혼식은 서울 예식장에서 해요. 지하철을 타고 가면 한 시간쯤 걸린대요.
유미　　주말인데 피곤하지 않아요?
나오코　무슨 일이 있어도 꼭 가야 해요. 제가 신부 들러리를 하기로 했거든요.
　　　　부케도 받을 거예요.

31쪽　CD1-12

1. 잘 듣고 따라해 보세요.

　1) 오늘 무슨 일 있어요?
　　무슨 일이 있어도 꼭 가야 해요.

　2) 어떤 사람을 찾아요?
　　지금 밖에 어떤 사람이 있어요.

　3) 언제 한 번 보기로 했어요?
　　언제 한 번 보기로 했어요.

2. 평서문인지 의문문인지 잘 듣고 ✓표 해 보세요.

　1) 누가 당신을 찾아왔어요.
　2) 언제부터 한국어를 공부했어요?
　3) 어디에서 만나는지 알고 있어요?
　4) 무슨 일이 있어도 학교에 가야 해요.

답)　1) 평서문　2) 의문문　3) 의문문　4) 평서문

33쪽　CD1-13

수현 씨가 수업을 마치자마자 집으로 가려고 합니다.

제임스　수현 씨 벌써 가려고요? 집에 무슨 일 있어요?
수현　　네. 내일 언니가 신혼여행 갔다가 돌아오거든요.
　　　　그래서 일찍 들어가 봐야 해요.

제임스 아, 지난주에 결혼한 언니요? 언니는 내일 돌아오는데 왜 오늘 일찍 들어가요?

수현   어머니께서 이바지 준비한다고 일찍 들어오라고 하셨어요.

제임스 이바지요? 이바지가 뭐예요?

수현   신부가 시댁에 처음 갈 때 시댁에 싸 가져가는 음식을 말해요. 육류와 전, 찜,
       떡 등 준비할 게 많아요. 특히 저희 어머니가 손이 커서 음식 장만하는 데 시간
       이 많이 걸려요.

34쪽 CD1-14

▷ 다음을 듣고 질문에 답하세요.

여러분! 오랫동안 기다리셨습니다. 그리고 대단히 고맙습니다.

바쁘신 중에도 오늘 신랑 신부를 축하해 주시기 위해서 자리를 함께 해 주신 여러분들
께 진심으로 감사를 드립니다. 그러면 지금부터 신랑 박영준 군과 신부 최효정 양의
결혼식을 진행하도록 하겠습니다.

먼저 식순에 의해서 신랑 신부 입장이 있겠습니다.

신랑 신부 입장!

이제 입장을 마친 신랑과 신부가 여러분들이 지켜보시는 가운데 서약을 하겠습니다.

다음에는 정우진 선생님의 주례사 말씀이 있겠습니다.

이제 부부가 된 두 사람이 여러분들이 지켜보는 가운데 함께 행진을 하겠습니다. 많은
박수 부탁드립니다.

신랑 신부 행진!

1) 이 방송은 어디에서 들을 수 있습니까?

2) 어떤 순서에 따라 일이 진행되고 있습니까? 순서에 맞게 배열된 것을 고르세요.

답)   1) ②   2) ④

제4과 집들이

CD1-15

샤오징 씨는 어제 수진 씨 집들이에 갔다 왔습니다.
다음 날 성준 씨가 집들이에 대해서 물어 봅니다.

성준   샤오징 씨, 어제 수진 씨 집들이 갔었어요?

샤오징   네. 유미랑 데이비드와 함께 갔었어요.

성준   집들이 선물은 뭐 가지고 갔어요?

샤오징   휴지와 세탁비누를 사 가지고 갔어요.

성준   집들이는 어땠어요? 집들이에 사람들이 많았어요?

샤오징   네. 방에 다 앉을 수 없을 만큼 사람들이 많았어요.

       그리고 맛있는 음식을 많이 만들어 놓았어요. 정말 맛있게 먹었어요.

성준   정말 좋았겠네요. 그런데 샤오징 씨는 한국 음식이 입에 맞아요?

샤오징   수진 씨가 저를 위해 중국 음식도 만들어 놓았어요.

       처음 만든 것치고는 정말 잘 만들었어요.

CD1-16

1. 잘 듣고 따라해 보세요.

   1) 방에 다 앉을 수 없을 만큼 사람들이 많았어요.

   2) 다 먹을 수 없을 만큼 음식을 많이 준비했어요.

3) 손님들이 다 들어갈 수 없을 만큼 가게가 좁았어요.

4) 가 : 지금 많이 힘들어요?

　　나 : 서 있을 수 없을 만큼 많이 힘들어요.

2. 잘 듣고 써 보세요.

1) 가 : 콘서트장에 사람들이 많이 왔어요?

　　나 : 콘서트장에 사람들이 다 <u>들어갈 수 없을 만큼</u> 많이 왔어요.

2) 가 : 감기 걸렸어요? 많이 아픈가요?

　　나 : <u>말을 못할 만큼</u> 목이 아파요.

41쪽　CD1-17

마유미 씨는 결혼한 지 5년 만에 집을 장만했습니다.

그래서 얼마 전에 집들이를 했습니다.

성준　　지난주에 집들이한다고 하더니 집들이는 잘 끝났어요?

마유미　네. 예상보다 손님들이 많이 와서 좀 정신이 없었어요.

성준　　사람들이 집 예쁘고 좋다고 칭찬을 많이 하죠?

마유미　집에 대해 칭찬을 많이 해 줘서 저도 기분이 좋았어요.

　　　　그런데 사람들이 개인적인 질문을 많이 해서 대답하기 좀 곤란했어요.

성준　　어떤 질문 때문에 곤란했는데요?

마유미　어떤 분은 집 사는 데 얼마 들었느냐고 물었어요.

　　　　그리고 대출을 얼마나 받았느냐고 묻기도 했어요.

성준　　한국에서는 집을 장만하는 것이 아주 어렵고 힘든 일이에요.

　　　　그래서 집을 어떻게 장만했는지 많이 궁금해하는 편이에요.

42쪽　CD1-18

▷ 대화를 잘 듣고 질문에 답하세요.

진수 애니 씨, 안녕하세요?

애니 안녕하세요? 진수 씨, 오랜만이에요.

진수 다음 달에 고향에 돌아간다고 들었어요. 그게 정말이에요?

애니 네. 다음 달에 고향에 돌아가게 됐어요. 그런데 누구에게 들었어요?

진수 마틴 씨에게 들었어요. 그런데 왜 갑자기 고향에 돌아가려고 해요?

애니 회사에서 새로운 사업을 시작했는데 제가 그 사업에 참여하게 되었어요.
      그래서 갑자기 떠나게 된 거예요.

진수 갑자기 떠난다고 하니까 좀 섭섭하네요.

애니 저도 일이 갑자기 결정되어서 정신이 없어요.
      한국에서 하고 싶은 일도 많고 가고 싶은 곳도 많았거든요.

진수 다음 달 며칠에 떠날 거예요?

애니   다음 달 15일쯤 떠나야 할 거예요.

진수 그럼 이번 주말에 여행을 가는 것은 어때요?

애니 여행이요? 누구와 어디를 가는 건데요?

진수 이번 주말에 경주로 여행을 갈 거예요.
      수정 씨, 형준 씨, 아사코 씨, 마틴 씨와 저, 이렇게 5명이 같이 가기로 했어요.

애니 정말 좋은 추억이 될 것 같네요. 그런데 제가 같이 가도 될까요?

진수 물론이죠. 애니 씨가 같이 가면 모두 좋아할 거예요.

1) 〈보기〉와 같이 "-다고/냐고/라고/자고"를 이용해서 다시 이야기해 보세요.

2) 애니는 주말에 친구들과 함께 여행을 갔습니다. 그리고 함께 간 친구들 모두와 사
   진을 찍었습니다. 그 사진으로 맞는 것을 고르세요

답) 1) ① 누구에게 들었냐고 ② 왜 갑자기 고향에 돌아가려고 하느냐고
        ③ 다음 달 며칠에 떠날 거냐고 / 떠날 거라고
        ④ 누구와 어디를 가는 거냐고

    2) ④

제5과 후회

CD1-19

마이클 씨 표정이 안 좋습니다. 수진 씨가 그 이유를 물어 봅니다.

수진　마이클 씨, 무슨 일 있어요? 안색이 안 좋아 보여요.

마이클　어제 성준이랑 싸웠어요. 그래서 좀 우울해요.

수진　정말요? 갑자기 왜 싸운 거예요?

마이클　노래를 부르기 싫은데, 자꾸만 노래를 하라고 하잖아요.
　　　　그래서 성준이에게 화를 냈어요.

수진　마이클 씨는 노래 부르는 것을 좋아하잖아요.

마이클　어제는 몸이 안 좋아서 아무것도 하고 싶지 않았어요.

수진　몸이 안 좋다고 말했어요?

마이클　아니요, 저도 지금 후회하고 있어요.
　　　　조금만 참았더라면 싸우지 않았을 텐데. 어떻게 하면 좋지요?

수진　먼저 사과하는 것이 좋겠어요. 아마 성준 씨도 지금 후회하고 있을 거예요

CD1-20

1. 잘 듣고 따라해 보세요.

　1) 조금만 참았더라면 싸우지 않았을 텐데.

　2) 사람들이 많았더라면 재미있었을 텐데.

　3) 요리를 잘했더라면 맛있는 음식을 많이 준비했을 텐데.

　4) 가 : 두 사람 진짜 싸운 거예요?

　　나 : 네. 제가 화를 내지 않았더라면 싸우지 않았을 텐데. 후회가 돼요.

2. 잘 듣고 써 보세요.

　1) 가 : 영화가 그렇게 재미없었어요?

　　나 : 배우가 연기를 좀 잘했더라면 그렇게 재미없지는 않았을 텐데.

2) 가 : <u>조금만 더 열심히 노력했더라면</u> 시험에 떨어지지 않았을 텐데.

　　나 : 실망하지 마요. 다음에 잘 보면 돼요.

CD1-21

소라 씨가 혼자 도서관에서 공부를 합니다.

샤오징　소라 씨, 무슨 일 있어요? 오늘은 준석 씨 같이 안 왔네요.

소라　　며칠 전에 싸워서 오늘은 혼자 왔어요.

샤오징　무슨 일로 싸웠는데요?

소라　　저는 준석이가 무엇을 하는지 어디에 있는지 알고 싶어서 자주 연락을 하는 편
　　　　이에요. 그런데 준석이는 연락을 했다 안 했다 해요. 그날도 하루 종일 전화도
　　　　안 받고 연락도 안 하는 거예요.

샤오징　그래서 싸웠어요? 무슨 일이 있었을 수도 있잖아요.

소라　　친구들과 술 마시느라고 전화를 안 했다고 하잖아요.
　　　　화가 나서 헤어지자고 말했더니 연락을 안 하네요.

샤오징　아무리 화가 나더라도 헤어지자고 말하지는 말았어야죠.

소라　　알아요. 저도 지금 후회하고 있어요.

CD1-22

▷ 다음은 영준과 미정의 대화입니다. 잘 듣고 답하세요.

영준　　미정아, 오늘 이메일 봤어?

미정　　아니 아직. 영준아, 그런데 왜? 무슨 특별한 이메일이 왔어?

영준　　응. 지금 이메일을 보니까, 소피아가 미국에서 크리스마스 잘 보내라고 이메일
　　　　을 보냈어.

미정　　정말? 건강히 잘 지낸대?

영준　　잘 지낸대. 너한테 메일 보냈는데 확인을 안 한다고 하네.

미정　　정말 나한테도? 얼른 이메일을 확인해 봐야겠네.

영준	확인했어?
미정	응. 정말 이메일이 와 있네. 소피아가 한국이 많이 그리운가 봐. 모두 보고 싶 다고 써 있네.
영준	작년 크리스마스 이야기도 써 있어. 그때 사진도 보냈네. 작년 크리스마스 때 생각 나? 소피아, 정민, 진수, 나 이렇게 같이 보냈잖아. 참, 넌 파티에 없었지? 왔더라면 좋았을 텐데, 그날 왜 안 왔어?
미정	난 그 전날 정민이랑 싸웠거든. 그래서 파티에 가기가 좀 그랬어. 정민이와 싸 웠더라도 파티에 갔어야 했는데.
영준	그러게. 그날 정말 재미있었는데. 그럼 우리 이번 크리스마스에도 파티를 열 까? 그때처럼 케이크도 먹고 게임도 하고 크리스마스트리도 함께 만들자. 소 피아는 없지만 그래도 재미있을 거야.
미정	정말? 그거 좋은 생각이다. 난 정민이랑 진수한테 그날 가능한지 연락해 볼게.

1) 대화 내용과 맞으면 ○, 틀리면 × 하세요.

　① 영준과 미정은 지금 컴퓨터 앞에서 이야기하고 있다.

　② 소피아는 미국에서 친구들에게 편지와 선물을 보냈다.

　③ 작년 크리스마스 때 미정은 영준과 함께 보내지 못했다.

　④ 미정은 작년 크리스마스 날 영준과 싸웠다.

　⑤ 영준과 미정은 올해 크리스마스를 함께 보낼 것이다.

2) 소피아가 보낸 작년 크리스마스 사진들입니다.

　사진에서 이상한 부분을 찾아 이야기해 보세요.

3) 다음은 소피아가 영준이에게 보낸 이메일입니다.

　빈칸에 알맞은 내용을 써 넣으세요.

답)　1) ① ○　② ×　③ ○　④ ×　⑤ ○

　　2) ① 진희 → 진수　② 선생님　③ 미정 → 정민　④ TV 안 봄

　　3) 작년 크리스마스 파티 / 영준 씨, 정민 씨, 진수 씨 / 사진 / 이메일을

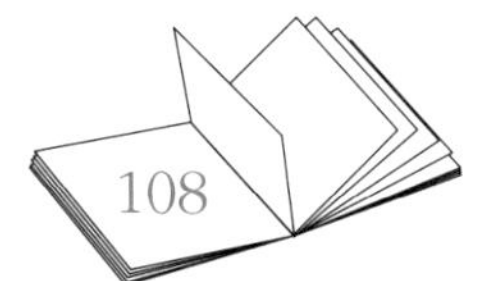

제6과 축제

CD2-1

샤오징 씨와 마이클 씨가 한국 전통 축제에 대해 이야기합니다.

샤오징　마이클 씨, 한국에서 하는 축제에 가 본 적이 있어요?

마이클　아니요, 아직 못 가봤어요.

샤오징　인터넷을 통해서 서울시에서 하는 축제를 알게 됐는데 같이 갈래요?

마이클　좋아요. 한국 축제에 한번 가 보고 싶었는데 잘 됐네요.

　　　　어떤 축제예요?

샤오징　한옥마을에서 하는 단오 축제예요.

　　　　여러 가지 전통 공연도 하고 전시회도 할 거래요.

마이클　우와, 그거 재미있겠네요. 그런데 미리 신청하고 가야 하는 건가요?

샤오징　그건 아닌 것 같아요. 제가 전화해 볼게요.

마이클　그럼 전 무슨 행사가, 언제 있는지 홈페이지에서 확인해 볼게요.

샤오징　그래요. 이번 축제를 통해 한국문화를 체험해 볼 수 있는 기회가 되었으면 좋겠어요.

CD2-2

1. 잘 듣고 따라해 보세요.

　1) 여러 가지 전통 공연도 하고 전시회도 할 거래요.

　2) 이 축제를 통해 전통 문화를 체험하고 볼 수 있대요.

　3) 가 : 한국의 전통 의상은 뭐예요?

　　　나 : 한국의 전통 의상은 한복이에요.

2. 잘 듣고 써 보세요.

　1) 가 : 장구가 뭐예요?

　　　나 : 장구는 한국의 전통 악기예요.

2) 가 : 인사동에 가 보신 적이 있어요?

　　나 : 네, 가 본 적이 있어요. 전통 물건 이 많은 곳이에요.

CD2-3

얼마 전에 학교에서 축제가 있었습니다.

미카　　성균관대학교 축제에서 공연을 했다고 들었는데 혹시 보셨어요?

왕홍　　네. 정말 재미있는 공연이었어요.

　　　　유명한 가수들을 실제로 볼 수 있어서 좋았어요.

미카　　정말 좋았겠네요.

왕홍　　네. 특히 사람들이 다같이 함성도 지르고 노래도 따라 부르는 것이

　　　　참 인상적이었어요.

미카　　그런데 이번 축제 때 사고가 날 뻔했다면서요?

왕홍　　네. 사람들이 앞으로 오려고 하도 밀어서 넘어질 뻔했어요.

미카　　정말 큰일 날 뻔했네요.

　　　　사람이 많이 모이면 사고가 나기 마련이에요. 그러니까 항상 조심해야 해요.

CD2-4

▷ 중국 축제에 대한 이야기입니다. 잘 듣고 답하세요.

진수　　어제 텔레비전을 통해 여러 나라의 축제에 대해 새롭게 알게 되었어요.

　　　　브라질의 삼바 축제, 독일의 맥주 축제…… 정말 멋있었어요.

샤오징　아, 그거요. 저도 봤어요. 축제를 통해 하나가 되는 모습이 정말 보기 좋았어요.

진수　　그런데 샤오징 씨, 중국에서는 어떤 축제가 유명해요?

샤오징　중국에서 가장 큰 축제는 뭐니뭐니 해도 설날이지요.

　　　　보통 음력 1월 1일을 중심으로 1주 정도 긴 설 연휴를 보내요.

진수　　그럼 많은 사람들이 고향으로 내려가겠네요.

샤오징　물론이지요. 아마 한국과 비슷할 거예요. 고향으로 가는 길이 멀고 힘들어도

가족과 함께 명절을 지내려고 해요.

진수   중국에서는 신년 축제를 맞아 무엇을 준비하나요?

샤오징   먼저 온 가족이 함께 대청소를 해요. 모든 식구들이 깨끗이 청소를 하고 특히 가위나 칼은 보이지 않는 곳에 넣어 둬요

진수   왜요? 무슨 의미가 있나요?

샤오징   네. 칼이나 가위 같은 것은 새해의 복을 없앤다고 생각을 하거든요.

진수   그리고 설날에는 어떤 음식을 먹나요?

샤오징   물만두나 중국식 떡을 먹어요. 북쪽 지방 사람들은 물만두를 먹고, 남쪽 지방 사람들은 떡을 먹어요. 일년 동안 아무 일 없이 행운이 있기를 바라며 먹는 음식이에요.

진수   중국 신년 축제에는 어떤 것이 볼 만한가요?

샤오징   폭죽놀이와 용춤이 볼 만해요. 폭죽놀이와 용춤은 중국 사람들의 마음을 잘 알 수 있는 놀이예요.

1) 중국에서 가장 큰 축제는 무엇입니까? 기간은 얼마나 됩니까?

2) 중국에서 설날에 가장 먼저 하는 일은 무엇입니까?

3) 다음 들은 내용과 맞지 않은 것은 무엇입니까?

4) 들은 내용과 맞으면 ○, 틀리면 × 하세요.

　① 중국의 설날은 양력 1월 1일이다.

　② 칼이나 가위는 복을 없앤다고 생각한다.

　③ 모든 지역에서 물만두와 떡국을 먹는다.

　④ 폭죽놀이와 용춤을 통해 중국 사람들의 마음을 잘 알 수 있다.

답) 1) ③ 2) ③ 3) ①
　　 4) ① × ② ○ ③ × ④ ○

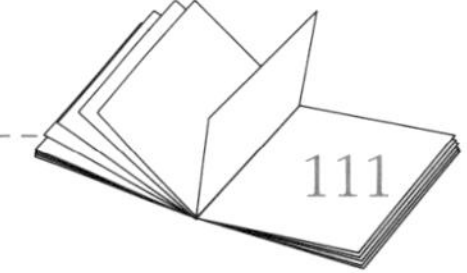

제7과 맞벌이 부부

CD2-5

샤오징 씨와 수진 씨가 요즘 어떻게 지내는지 이야기합니다.

샤오징　오래간만이네요. 요즘 어떻게 지내세요?

수진　출산 휴가가 끝나서 다시 회사에 다니고 있어요.

샤오징　그럼 회사에서 일하는 동안 아이는 누가 맡아 주세요?

수진　어머님께서요. 맡길 만한 곳을 찾았지만 적당한 곳이 없어서
　　　어머님께 맡기고 있어요.

샤오징　그렇군요. 맞벌이 부부에게 육아 문제는 가장 큰 걱정일 거예요.

수진　맞아요. 아이를 안심하고 맡길 만한 곳이 회사 안에 있으면 좋을 텐데…….

샤오징　글쎄 말이에요. 육아 문제 때문에 직장 여성들이 사회생활하기가 힘들다고
　　　하잖아요.

CD2-6

1. 잘 듣고 따라해 보세요.

　　1) 맡길 만한 곳이 회사 안에 있으면 좋을 텐데…….

　　2) 집안일을 어머니께 맡기고 회사에 다닙니다.

　　3) 쥐가 고양이에게 쫓기고 있습니다.

　　4) 가 : 민수 씨, 요즘 정말 바쁜 것 같아요.

　　　　나 : 아르바이트 때문에 항상 시간에 쫓겨서 그래요.

2. 잘 듣고 써 보세요.

　　1) 가 : 이번 일을 믿고 맡길 만한 사람을 찾고 있어요.

　　　　나 : 일이 어려워서 그 일을 할 만한 사람을 찾기 어려울 듯해요.

　　2) 가 : 요새 많이 바쁘신가 봐요. 얼굴 보기가 힘들어요.

　　　　나 : 집안일도 해야 하고 회사일도 해야 해서 시간에 쫓겨서 그래요.

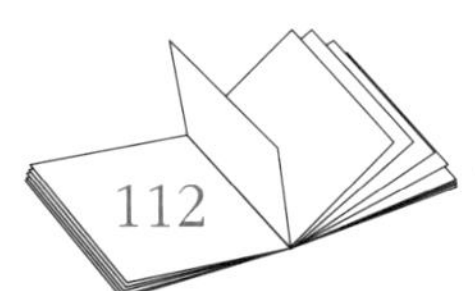

CD2-7

샤오징 씨와 미선 씨가 만났습니다. 미선 씨의 안색이 안 좋아 보입니다.

샤오징　요즘 많이 피곤한가 봐요. 지쳐 보여요.
미선　　집안일을 하면서 회사일도 잘하기가 힘들어요.
　　　　솔직히 말하면 결혼한 것이 후회될 때도 있어요.
샤오징　아니, 왜요?
미선　　집에 가면 집안일도 해야 하는 데다가 밀린 회사일도 해야 해요.
　　　　그래서 스트레스가 쌓여요.
샤오징　남편 분이 집안일 안 도와주세요?
미선　　청소만 가끔 도와주고 있어요.
샤오징　그럼 남편 분에게 집안일을 더 부탁해 보지 그래요?
미선　　제 남편은 남자가 그 정도만 해도 많이 도와주는 거래요.
샤오징　한국 남자들은 집안일은 여자가 하는 일이라고 생각하는 것 같아요.

CD2-8

▷ 잘 듣고 답하세요.

샤오징　며칠 전에 미선 씨를 만났는데 요즘 회사 다니면서 아이 키우는 일이 많이 힘
　　　　들대요.
진수　　남편이 집안일 안 도와준대요?
샤오징　가끔 청소만 도와주나 봐요. 집안일도 해야 하고 아이도 돌봐야 하고 회사일도
　　　　잘해야 하고... 미선 씨가 정말 힘든 모양이에요.
　　　　글쎄 결혼한 걸 후회한대요.
진수　　야, 미선 씨가 무슨 슈퍼우먼도 아니고 정말 힘든가 보네요.
　　　　그래서 전 결혼해도 아이는 낳지 말자고 할 거예요.
샤오징　아니 왜요?
진수　　아이를 낳아서 키우는 일도 그렇고 교육하는 일도 부담이 돼서요.

그냥 우리끼리 즐겁게 사는 것도 나쁘지 않을 것 같아요.

샤오징 그렇다고 아이를 안 낳으면 나중에 외롭지 않을까요?

진수 그럴지도 모르겠지만 지금은 인생을 즐기면서 재미있게 살고 싶어요.

그런데 요즘 저처럼 생각하는 사람들이 많은것 같아요. 뉴스를 보면 이것이 한국 사회의 새로운 문제가 되고 있대요.

샤오징 저도 그 이야기 들은 적이 있어요.

맞벌이 부부가 늘어나면서 육아 문제 때문에 아이를 낳지 않으려는 사람이 많아지고 있대요.

1) 다음을 잘 듣고 맞으면 ○, 틀리면 × 하세요.

　① 미선 씨는 회사 다니면서 아이를 키우는 일을 힘들어한다.

　② 남편은 집안일을 하고 아이를 잘 돌봐 준다.

　③ 미선 씨는 집안일과 회사일이 너무 힘들어서 결혼한 것을 후회한다.

2) 진수는 결혼해도 아이를 낳지 않으려고 합니다. 그 이유가 아닌 것은 무엇입니까?

답) 1) ① ○ ② × ③ ○　　2) ③

제8과 생활 예절

CD2-9

마이클 씨는 오늘 대학교 면접 시험이 있습니다. 많이 긴장한 모양입니다.

성준 다리를 떠는 것을 보니까 많이 떨리는 모양이군요.

마이클 예, 조금 긴장이 되네요.

성준 한국에서는 다리를 떨면 복이 달아난다고 해요.

마이클 네? 다리를 떨면 복이 달아난단 말이에요? 전 처음 듣는 소린데요.

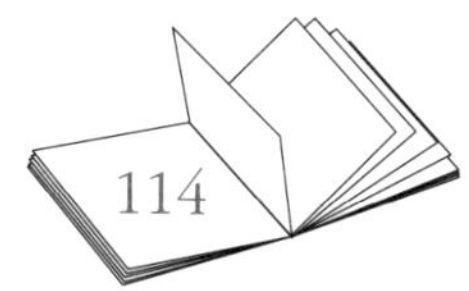

성준   옛날부터 어른들이 아이들에게 많이 하시던 말씀이에요.

마이클   그래요? 성준 씨도 그렇게 생각해요?

성준   글쎄요. 옛 어른들처럼 그렇게 믿지는 않지만 다리를 떨고 있는 모습이 별로
       좋아 보이지 않아요.

마이클   정말 다리를 떨면 자신감도 없어 보이고 예의도 없어 보일 수 있겠네요.

성준   그러니까 긴장을 풀고 편안하게 앉아 기다려 보세요.

70쪽   CD2-10

1. 잘 듣고 따라해 보세요.

   1) 다리를 떨면 복이 달아난단 말이에요?

   2) 이번 주까지 자료 조사를 다 해야 한단 말이에요?

   3) 가: 아버지한테서 술을 배웠어요.

      나: 아버지한테서 술을 배웠단 말이에요?

2. 잘 듣고 써 보세요.

1) 가: 올해 선생님 아이가 초등학교에 간대요.

   나: 네? 아이가 있단 말이에요? 저는 그런 줄 몰랐어요.

2) 가: 저는 어제 노트북을 샀는데 250만원을 주고 샀어요.

   나: 네? 그렇게 비싸단 말이에요?

73쪽   CD2-11

미카 씨가 약속 시간에 30분이나 늦었습니다.

미카   미안해요. 일찍 온다는 것이 길이 막히는 바람에 늦었어요.

소라   괜찮아요. 미카 씨가 오기 전까지 드라마를 보고 있었어요.

미카   휴대폰으로 드라마를 봤다고요?

소라   네, 요즘 휴대폰으로 별거 다 해요.

소라   노래도 듣고 TV도 보고 은행 일도 할 수 있어요.

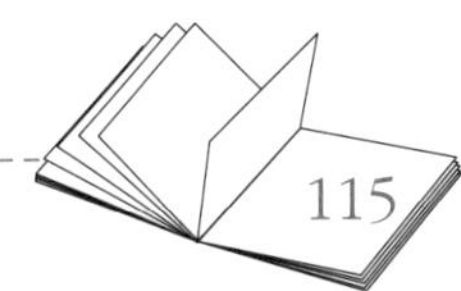

미카　그러게 말이에요. 요즘은 휴대폰으로 못하는 게 없는 것 같아요.

소라　하지만 휴대폰을 사용하는 사람들의 문제도 많아졌어요.

미카　맞아요. 지하철이나 길거리에서 큰소리로 이야기하고 아무 데서나 사진 찍
　　　는 것은 좀 보기 안 좋아요.

소라　전 핸드폰 벨소리나 게임할 때 나는 소리가 듣기 싫어요.

CD2-12

▷ 다음은 어떤 광고입니다. 잘 듣고 답하세요.

대중교통에서 예절을 지킵시다 .

크게 말하세요.

"여보세요? 뭐라고? 안 들려. 좀 크게 말해"

계속 말하세요.

"아우, 어제 집에 가는데 한 남자가 쫓아 와서는 시간 있으면 차나 한 잔 하시죠? 그러
는 거야. 얼굴이 잘생겼으면 마시고 싶겠지만 얼굴도 못 생겼으면서……

다리 쫙 벌리고 신문 보세요

"오늘 연애 기사엔 누구 얘기가 나왔나? 신문 한번 볼까? 어!"

다 해도 좋습니다.

하지만 모두가 이용하는 대중교통에서는 참아 주세요. 작은 예절이 우리 모두를 웃게
만듭니다. 작은 소리로, 용건만 간단히, 옆 사람을 생각해 주세요.

1) 이 행동들은 어디에서 지켜야 할 예절입니까?

2) 무엇을 말하려는 광고입니까?

3) 잘 듣고 관계가 있는 것끼리 연결해 보세요.

답) 1) ② 2) ④ 3) ① ⓒ ② ⓛ ③ ㄱ

제9과   옛날이야기 속으로

CD2-13

옛날에 개미와 베짱이가 살고 있었습니다.

무더운 여름날 개미들은 땀을 뻘뻘 흘리며 일을 하고 있었습니다.

그때 베짱이는 시원한 나무 그늘에 앉아서 노래를 부르고 있었습니다.

어느 날, 베짱이는 열심히 일하고 있는 개미에게 물었습니다.

"이 더운 날에 너는 무엇을 위해 그렇게 열심히 일을 하니?

나처럼 그늘에서 쉬는 게 어때? 여기 정말 시원하고 좋아."

 베짱이는 열심히 일하는 개미들을 도와주기는커녕 약을 올렸어요.

 베짱이가 하는 말이 개미는 화가 났지만 친절하게 대답했습니다.

"겨울에 먹을 것을 준비하려면 그렇게 놀고 있을 시간이 없어."

개미는 다시 열심히 일했습니다.

"흥. 정말 바보 같은 짓이야. 이 여름에 벌써 겨울 걱정을 하고.."

베짱이는 개미들이 바보 같다고 생각했습니다.

마침내 여름이 가고 나뭇잎이 떨어지는 가을도 가고 겨울이 되었습니다.

개미들은 난롯가에 모여 앉아 맛있는 간식을 먹으며 즐겁게 시간을 보내고 있었습니다.

그때 배가 고픈 베짱이가 부끄러워하며 작은 목소리로 중얼거렸습니다.

"저, 먹을 것 좀 주세요."

CD2-14

1. 잘 듣고 따라해 보세요

　　1) 나뭇잎이 떨어지는 가을도 가고 겨울이 되었습니다

　　2) 고기를 상추와 깻잎에 싸 먹으면 맛있어요.

2. 잘 듣고 써 보세요

　　1) 앞일을 모르니까 여행자 보험을 들어 놓으세요.

　　2) 집안일이 쌓여 있어요.

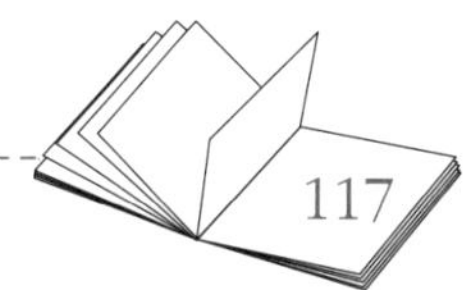

CD2-15

옛날에 어느 마을에 마음씨 착한 나무꾼이 살았습니다. 하루는 나무꾼이 나무를 하러 산에 올라갔습니다. 열심히 나무를 하다 보니까 날이 어두워졌습니다. 나무꾼은 할 수 없이 하룻밤을 보낼 수 있는 집을 찾았습니다. 그렇지만 날이 어두워서 아무것도 보이지 않았습니다.

그런데 갑자기 어디선가 이상한 불빛이 <u>보였습니다.</u> 나무꾼은 그곳으로 달려갔습니다. 그곳에 집이 있었습니다. 작지만 따뜻해 보이는 집이었습니다. 그 집을 보니 아무도 없는 것 같았습니다. 나무꾼은 안심을 하고 방안으로 들어갔습니다. 방안에는 맛있는 밥상이 <u>놓여</u> 있었습니다. 나무꾼은 배가 하도 고파서 밥을 먹었습니다. 배가 부른 나무꾼은 피곤했는지 그만 잠이 들었습니다. 한참을 자는데 갑자기 이상한 바람 소리가 <u>들렸습니다.</u> 나무꾼은 눈을 떴습니다. 그때 갑자기 불이 <u>꺼졌습니다.</u> 그리고 문이 <u>열렸습니다.</u> 나무꾼은 소리를 지르고 싶었지만 소리가 나오지 않았습니다. 다리가 덜덜 <u>떨리기</u> 시작했습니다. 겁이 나서 도망가고 싶었습니다. 그때 하얀 옷을 입은 여자가 방 안으로 소리 없이 들어왔습니다. 나무꾼은 너무 놀라 무서웠지만 용기를 내서 누구냐고 물었습니다. 여자는 갑자기 울기 시작했습니다.

CD2-16

▷ 잘 듣고 답하세요.

수영   로라 씨, 옛날이야기 좋아하세요?

로라   네, 아주 좋아해요. 어렸을 때 할머니께서 많이 들려 주셨어요.

수영   저도 그랬는데…. 그땐 옛날이야기가 너무 재미있었어요.

로라   힘없고 착한 사람들이 행복하게 되고 나쁜 사람들이 불행하게 되었을 땐 정말 기뻤어요.

수영   옛날이야기는 어느 나라나 다 마찬가지인 것 같아요.

로라   그런데 요즘 아이들은 옛날이야기를 들려주면 재미없다고 해요.

수영   그러겠죠. 요즘은 재밌는 TV 프로그램이나 인터넷 게임이 많잖아요.

로라   그런데 TV나 게임은 생각없이 하는 것이라서 조금 걱정이에요.

수영   옛날이야기 속에는 아름다운 말과 지혜를 배울 수 있으니까 아이들이 많이 읽
       으면 좋을 텐데….

1. 다음을 잘 듣고 맞으면 ○, 틀리면 × 하세요.
   ① 로라는 옛날이야기를 좋아합니다.
   ② 옛날이야기에는 착한 사람이 행복해지고 나쁜 사람은 불행해진다.
   ③ 아이들은 옛날이야기를 좋아한다.
   ④ TV 프로그램이나 인터넷 게임은 아름다운 말과 지혜를 배울 수 있다.
2. 로라는 무엇을 걱정합니까?

답)   1) ① ○   ② ○   ③ ×   ④ ×   2) ②

제10과   한국 사람들

CD2-17

마이클 씨가 태권도장에 가는 길에 성준 씨를 만났습니다.

성준   마이클 씨, 안녕하세요? 지금 어디 가는 길이세요?
마이클   태권도를 배우러 도장에 가는 길이에요.
성준   마이클 씨, 태권도를 잘하세요?
마이클   아니요, 잘 못하지만 재미있어요. 성준 씨도 태권도 할 줄 알아요?
성준   네, 고등학교 때 동아리 활동을 했어요.
마이클   그럼 태권도를 굉장히 잘하겠네요.
성준   아니에요. 한참 동안 안 해서 실력이 예전만 못해요.
마이클   그런데 태권도를 배워 보니까 건강해지는 것 같아요.
성준   태권도를 배우면 몸에도 좋을 뿐만 아니라 한국인의 정신도 느낄 수 있을 거예요

마이클   맞아요. 태권도를 배워 보니까 한국에 대해 조금 더 알 것 같아요.

성준   그래서 그런지 예전에 비하면 전통 문화를 배우려는 사람들이 많아지고 있어요.

87쪽 CD2-18

1. 잘 듣고 따라해 보세요.

    1) 태권도를 굉장히 잘하겠네요.

    2) 예전에는 그 가수의 인기가 굉장했다고 들었어요.

    3) 가 : 옛날에는 서울에서 부산까지 굉장히 오래 걸렸는데…….

       나 : 요새는 교통이 좋아져서 얼마 걸리지 않아요.

2. 잘 듣고 써 보세요.

    1) 가 : 어제는 시청 앞이 응원 때문에 굉장했다고 들었어요.

       나 : 네. 정말 귀가 떨어질 뻔했어요.

    2) 가 : 집에서 나와 혼자 산다면서요?

       나 : 혼자 사는 것이 처음에는 굉장히 힘들었어요.

89쪽 CD2-19

나오코 씨는 어제 길거리 응원에 갔다가 왔습니다

성준   나오코 씨, 어제 길거리 응원 갔다 왔다면서요? 어땠어요?

나오코   네, 지수 씨랑 서점에 가는 길에 구경하게 됐는데 정말 굉장했어요.

성준   저도 시청 앞에 가고 싶었는데 일이 있어서 회사 동료들과 응원했어요.

나오코   "대한민국"만 외치면 모두 하나가 되는 건 정말 놀라웠어요.

성준   저도 한국 사람이지만 참 신기하게 생각해요.

       나오코 씨, 이거 붉은 악마 머리띠 아니에요?

나오코   네, 모두들 이거 하고 응원하길래 저도 하나 샀어요.

성준   예전에 '악마'라는 말은 나쁜 의미만 있었는데 2002년 '붉은 악마' 때문에

       그 의미나 느낌이 많이 달라졌어요.

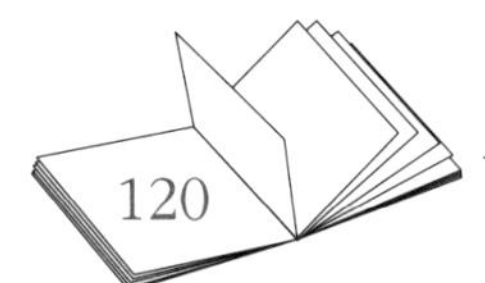

나오코 그래요. 저도 처음에는 무서웠는데 이젠 친근하게 느껴져요.

  CD2-20

▷ 리사와 민주의 대화입니다. 잘 듣고 질문에 답하세요.

리사   이거 애국가 아니에요? 그런데 전에 들었던 애국가에 비해서 굉장히 빠르고 힘
       이 있는 것 같아요.

민주   세상이 참 많이 바뀌었어요.
       애국가를 응원가로 바꾸고 춤까지 추면서 부르는 것을 보면요

리사   아니, 왜요?

민주   옛날에는 애국가가 나오면 애국가가 끝날 때까지 움직이지 못했어요.
       그때에 비하면 지금은 정말 자유로워졌지요, 뭐.
       이렇게 춤까지 추면서 부르니까요.

리사   어머. 저 사람 좀 보세요. 태극기로 옷을 만들어 입었네요.

민주   그러게 말이에요. 태극기로 만든 모자에, 원피스에, 얼굴에 태극기도 그렸네요.
       특별한 날에만 쓰이던 태극기가 월드컵 이후 완전히 새롭게 태어난 것 같아요.

리사   그래도 국기인데 저렇게 사용하는 것에 반대하는 사람도 있을 것 같아요.

민주   물론이지요, 어른들은 좋아할 리가 없지요. 월드컵 이후에 애국가나 태극기에
       대한 한국 사람의 생각도 많이 달라진 것 같아요.

리사   하지만 태극기가 한국을 대표한다는 생각은 바뀌지 않은 것 같아요.

1) 요즘 태극기가 사용되는 곳을 모두 고르세요.

2) 과거와 현재, 태극기와 애국가에 대한 생각이 어떻게 바뀌었습니까?

3) 대화 내용과 맞으면 ○, 틀리면 × 하세요.

   ① 리사와 민주는 응원하는 곳에 나와 있다.

   ② 지금 나오는 애국가는 예전 것에 비해 빠르고 힘이 있다.

   ③ 현재 사람들은 태극기가 한국을 대표한다고 생각하지 않는다.

   ④ 태극기나 애국가가 바뀌는 것에 대해 어른들은 좋아하지 않는다.

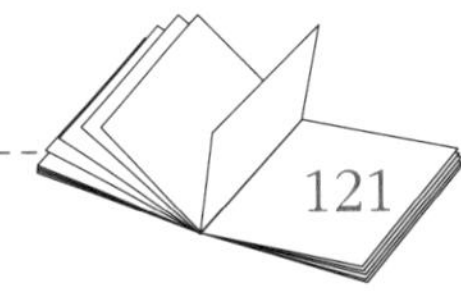

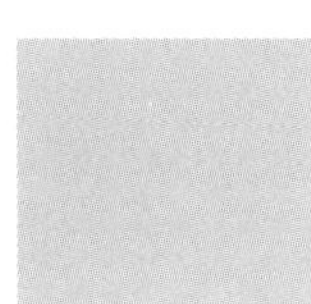

답)　1) ② ③ ③

2) ① 특별한 날 ② 모자 ③ 옷 ④ 끝날 때 ⑤ 춤

3) ① ○ ② ○ ③ × ④ ○

Lesson 1 Visiting a sick person in hospital

15쪽   Seongjun is hospitalized. Shaojing is telling Wanghong this news.

Shaojing   Wanghong, I heard Seongjun was taken to hospital last night.
Wanghong   Really? Why?
Shaojing   He fell down on the ground from overwork.
Wanghong   He kept on studying hard until he ruined his health! How bad is his condition?
Shaojing   I don' t know yet. Actually, I' m going to visit him in hospital today. Do you want to join me?
Wanghong   Sure. Let me go with you. Which hospital is he in?
Shaojing   It' s Sunkyun Hospital in Hyewha-dong. Let' s meet in front of the hospital at 4 o' clock since patients are not allowed to see anyone after six.

17쪽   Shaojing and Wanghong is visiting Seongjun in hospital.

Wanghong   Seongjun, how are you feeling? Are you in pain a lot?
Seongjun   No, I am all right.
Shaojing   You still look very sick since you don' t look so good.
Seongjun   I am okay. I was pretty sick last night, but I got better now.
Wanghong   By the way, what happened to you last night?
Seongjun   I fell down on the ground in the library.
I think I became weak after I stayed up several nights for study.

Shaojing   What did your doctor say?

When can you be released from the hospital?

Seongjun   He told me that I could be released from the hospital in three days.

Wanghong I hope you' re getting well soon.

Lesson 2 A Rumor

23쪽

Seongjun, Naoko, and Shaojing are talking about Sujin' s wedding.

Seongjun Naoko, have you heard? Sujin is getting married.

Shaojing   Yes. I heard she' s getting married to a guy she met with a view to marriage.

Naoko   Rumor had it that she met a guy through arrangement.

Now she' s getting married. What kind of a man is the groom?

Shaojing   They say he has not only good backgrounds but also good personality.

Seongjun Yes. He graduated from Hanguk University and works for a big company.

Shaojing   Speaking of the devil, there comes Sujin.

Sujin   It' s been ages since I last met you! What were you talking about?

Shaojing   Talking about you!

25쪽

Seongjun, Shaojing, and Naoko are asking Sujin questions about her prospective husband.

Seongjun Sujin, I heard you' re getting married. Is that right?

Sujin   Yes. Wow, a rumor runs really fast! Who told you that?

Naoko   I heard it from So-ra and Shaojing just before.

Shaojing   I heard it from Junseok. He told me that you were going to get married to a guy you met with a view to marriage a little while ago.

Seongjun I heard it from Michael. And Michael told me that he had heard it from Junseok.

Sujin	I asked Junseok to keep his mouth shut, but he is not reticent at all.
Naoko	They say your husband-to-be has a good character and backgrounds as well.
Sujin	I was not attracted to his backgrounds. My first impression of him was so great that I ended up seeing him almost everyday.

Lesson 3 Wedding Reception

31쪽

Yu-mi came across Naoko on the street

Yu-mi	Naoko, what' s the occasion? Why are you dressed up so beautifully?
Naoko	I dressed up because I have a wedding ceremony to attend today.
Yu-mi	Who' s getting married?
Naoko	My co-worker Sujin is getting married.
Yu-mi	Where does she have the wedding ceremony? Is it far from here?
Naoko	It' s held in Seoul Wedding Hall. It takes about an hour by subway.
Yu-mi	It' s a weekend. Aren' t you tired?
Naoko	I really have to make it anyway. You know, I will serve as a bridesmaid. Also, I am supposed to get the bridal bouquet at the wedding.

33쪽

Suhyeon is about to go home as soon as the class is over.

James	Suhyeon, are you leaving already? Do you have anything particular?
Suhyeon	Yeah, My sister is coming back from her honeymoon tomorrow. So I have to go home early today.
James	Oh, your sister who got married last week? Your sister is coming tomorrow. Then, why are you going home early today?
Suhyeon	My mom asked me to come home early since we have to prepare "ibaji" food.

| James | "ibaji"? What's that? |
| Suhyeon | "ibaji" is the food that a bride takes with her when she goes to her husband's house first time after the wedding. Specially, it takes many hours to prepare food since my mother is so generous when it comes to food. |

Lesson 4 Housewarming Party

Shaojing went to Sujin's housewarming party yesterday.
So-ra asks him about the party.

Seongjun	Shaojing, did you go to Sujin's housewarming party yesterday?
Shaojing	Yeah, I went there with Seongjun and David.
Seongjun	What did you buy for her housewarming?
Shaojing	We bought a bag of detergent and rolls of toilet paper.
Seongjun	Did many people come to the party?
Shaojing	Sure. There were too many people to accommodate them in a room. She prepared a lot of delicious food and I ate until when I was really full.
Seongjun	Sounds like you had fun there. By the way, does Korean food suit your taste, Shaojing?
Shaojing	Sujin made some Chinese food for me. It was pretty good considering that was her first try.

Mayumi bought a house five years after she got married.

Seongjun	You told me that you were going to have a housewarming party last week. How did it go?
Mayumi	Well, I was busy with visitors because more people came than I had expected.
Seongjun	They praised your house a lot saying that it is beautiful and great,

didn' t they?

Mayumi   I felt great since they admired my house a lot.

           But I was at a loss for answers to some private questions.

Seongjun   Such as?

Mayumi   Well, some people asked me how much I paid for the house.

           And others asked me how much mortgage loan I got from the bank.

Seongjun   You know, it' s very difficult to buy a house in Korea. That' s why

           people are curious about how the others could buy their houses.

Lesson 5 Regret

47쪽

Michael looks under the weather. Sujin asks why.

Sujin   Michael, what' s the matter? You don' t look good.

Michael   I had a fight with Seongjun yesterday. It made me feel bad.

Sujin   Really? What happened?

Michael   He kept asking me to sing even though I was not in the mood.

           So I lost my temper.

Sujin   You like singing, don' t you?

Michael   I didn' t want to do anything at all because I was under the weather

           yesterday.

Sujin   Did you tell him that?

Michael   No, I didn' t. I feel bad for acting like that to him.

           If I had been patient a little bit, we would not have fought.

           What should I do?

Sujin   You should talk to him. Maybe Seongjun regrets that, too.

49쪽

So-ra is studying alone in the library.

Shaojing   So-ra, what' s wrong? You are not with Junseok today.

So-ra   I had a fight with him a few days ago. So I came here alone.

Shaojing	Why did you fight?
So-ra	I kind of call him a lot because I want to know where he goes and what he does. But Junseok calls me on-and-off. On that day, he did not answer my calls and call me all day long.
Shaojing	That' s why you had a fight?
	Maybe he had to deal with some urgent things.
So-ra	No, he was drinking with his friends. That' s why he didn' t call me. I was really mad to know that. So I told him to break up and he stopped calling me.
Shaojing	You shouldn' t have told him to break up even though you were really angry.
So-ra	I know. I regret that.

Lesson 6 festival

Shaojing and Michael are talking about Korean folk festival.

Shaojing	Michael, have you ever been to Korean folk festival?
Michael	No, I haven' t.
Shaojing	I came to know about the Korean folk festival hosted by Seoul City through Internet. Shall we go there?
Michael	Sounds good. It' s good because I really wanted to observe Korean festivals. What kind of festival is that?
Shaojing	It' s "Dano" festival held in Hanok Maul.
	There will be a lot of traditional performances and exhibitions.
Michael	Wow, that sounds interesting.
	By the way, should we sign up for it in advance?
Shaojing	Well, I don' t think so. I' ll call them and check it.
Michael	Then I' ll check when and what events are there through their homepage.
Shaojing	OK. I hope we can experience Korean culture through this festival.

There was a festival on campus a while ago.

Mika	I heard there was a concert in Sungkyunkwan University festival. Did you see it?
Wanghong	Yes, it was really great. It was good to see those famous singers in real life.
Mika	I bet.
Wanghong	Especially, it was very impressive that people shouted and sang along with the singers.
Mika	By the way, I heard that an accident nearly happened.
Wanghong	Yeah, as people jostled toward the stage, they came near falling forward.
Mika	That was really a close call. Accidents can happen whenever there is a crowd of people. So, we have to be careful.

Lesson 7 A Couple Working Together For a Living

Shaojing and Sujin are having a conversation over their everyday lives.

Shaojing	Long time no see. How are you doing these days?
Sujin	I've been on maternity leave and now I came back to work.
Shaojing	Then, who is taking care of your baby during the day?
Sujin	My mother is. I've been looking for a day-care center to leave my baby, but no luck so far. So my mother is taking care of the baby.
Shaojing	I see. Childcare must be the biggest problem to a couple working together for a living.
Sujin	You're right. I hope there is a good day-care center in our company so that we can leave our babies with confidence.
Shaojing	I know. They say it's very difficult for women to have careers because of childcare problem.

Shaojing and Mi-sun are having a conversation. Mi-sun looks under the weather.

Shaojing	You look very tired.
Mi-sun	It' s not easy for me to do both housework and business at the same time. To be honest, sometimes I regret that I got married.
Shaojing	You are kidding!
Mi-sun	When I' m home, I have to do the work that I brought home as well as do the housework. I am stressed out.
Shaojing	Doesn' t your husband help you with the housework?
Mi-sun	Sometimes he helps me with the cleaning.
Shaojing	Then why don' t you ask him to help you more with the housework?
Mi-sun	My husband tells me that he helps me above the average.
Shaojing	It seems that Korean men have a tendency to think housework is women' s job.

Lesson 8 Manners

Michael has an interview at a university. He looks very nervous.

Seongjun	It seems that you seem very nervous since you are shaking your legs.
Michael	Yeah, I am a little nervous.
Seongjun	They say that if you shake your legs, the luck will flee from you in Korea.
Michael	What? You mean the luck will flee from me if I shake my legs? Never heard of that before.
Seongjun	The old used to say that to the young.
Michael	Really? Do you believe that?
Seongjun	Well, I don' t really believe that like my grandma does. But it' s not good to see people shake their legs.
Michael	Yeah, probably. They may look like a person without self-confidence and manners if they shake their legs.
Seongjun	So, just calm down and relax.

Mika is 30 minutes late for an appointment.

Mika   I am sorry. I was supposed to come early, but I was stuck in traffic.

So-ra   That's all right. I've been watching a soap opera by cell phone before you came.

Mika   Are you saying that you watched a soap opera by cell phone?

So-ra   Yes. We can do a lot of things with the cell phone. We can listen to music, watch TV, and do banking transactions.

Mika   I know. It seems that we can do almost everything by cell phone these days.

So-ra   But a lot of problems occurred because of cell phones nowadays.

Mika   You're right. Many people talk on the phone loudly in the subways or on the street and it's not good to take pictures in public places, too.

So-ra   I hate the ring tones and the sound made when they play games using the cell phones.

Lesson 9 Old Stories

Once upon a time there lived an ant and a grasshopper. One hot summer day, the ant was working hard while the grasshopper was sitting and singing in the shade of a tree. One day, the grasshopper asked the ant, who was working hard, a question. "What are you working so hard for in this hot weather? Why not come and rest in the shade like me? It's really cool here." Far from helping the ant, the grasshopper irritated it instead. Even though the ant was upset about what the grasshopper said, he kindly answered the grasshopper. "I am helping to lay up food for the winter," said the ant, "and we don't have time to lose." The ant resumed his work. "Hey, it's very foolish of you to do that. Why bother about winter so early?" said the grasshopper.
The grasshopper thought the ant was like an idiot. Finally, summer and fall passed by and winter came. Ants were having a good time eating snacks together by the fireplace. The grasshopper was ashamed of himself and murmured. "Please give me something to eat."

Once upon a time there lived a good-natured woodcutter. One day he went up to a mountain to cut down some trees. It grew dark as he worked hard. The woodcutter had no choice but to stay one night in the forest and started to look for a house, but he could not see anything in the dark. All of a sudden, he could see some strange light somewhere. The woodcutter ran toward the light and found a house there. Though it was small, it looked cozy. He found no traces of people in the house. He felt at ease and went into a room. Dinner table was prepared in the room. The woodcutter started to eat because he was so hungry. As soon as he finished eating, he fell asleep. While he was sleeping, he heard an eerie sound of the wind. The moment he opened his eyes, the candle light was blown out by the wind and the door opened. The woodcutter tried to scream, but he couldn' t make any sound. His knees knocked together out of fear. He wanted to run away because he was scared to death. At that moment, a woman in white dress came into the room without making any sound. Even though the woodcutter was frightened, he tried to gather himself up and asked who she was. The woman burst into tears.

Lesson 10 Korean People

Michael comes across Seongjun on his way to taekwondo hall.

Seongjun	Hello, Michael! Where are you going?
Michael	I' m on my way to taekwondo hall to take lessons.
Seongjun	Michael, are you good at taekwondo?
Michael	No, but it' s interesting. Seongjun, what about you? Are you good at taekwondo?
Seongjun	Yes, I was a member of taekwondo club when I was in high school.
Michael	Then you must be a very good taekwondo player.
Seongjun	Not really. Since I stopped practicing it for a while, I am not as good as I used to be.
Michael	I think I get healthier since I started to learn taekwondo.
Seongjun	Sure. Learning taekwondo is not only good for health, but also good

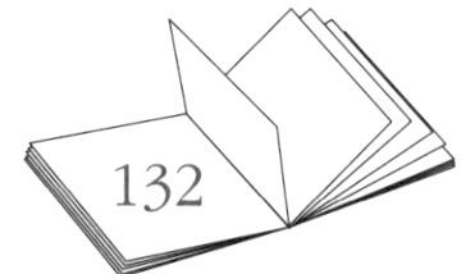

for learning Korean culture.

Michael   You' re right. Since I learn taekwondo, I think I can understand Korea better than before.

Seongjun   I now see that more and more people are interested in learning Korean traditional cultures.

Naoko participated in the street cheering yesterday.

Seongjun   Naoko, I heard you went to street cheering yesterday. How was it?

Naoko   I happened to be there on my way to a bookstore with Ji-su. It was really great.

Seongjun   Actually, I wanted to participate in the cheering in front of Seoul City Hall, but I couldn' t make it because I had to work. So I just cheered our team with my co-workers.

Naoko   It' s amazing that people got united by the yell "Dae-Han-Min-Guk."

Seongjun   Yeah, even though I' m Korean, it' s marvelous to me, too.
Hey, isn' t it a "Red Devil" hair band?

Naoko   It is. I ended up buying it since everybody was wearing this and cheering.

Seongjun   The word "devil" used to have a bad meaning. But thanks to "Red Devil" in 2002, the meaning has changed a lot.

Naoko   That' s right. At first, I was scared to see it, but now I feel friendly toward it.

David   Until when did you have a chat each other?

Sungjun   I think we did until 3 a.m.
Once we start to chat, we hardly realize how time passes so fast.

성균어학원 한국어교재 편찬위원회
The Committee of the Korean Language Textbook of SLI

한국어교재 편찬위원회

위원장   김동욱
위원   박성태
          이금희
          유하라
          정영미

김동욱
성균관대학교 성균어학원장
성균관대학교 영어영문학과 교수
Michigan St. U. Ph.D.

박성태
성균관대학교 성균어학원 선임 강사
성균관대학교 국어국문학 박사

이금희
성균관대학교 성균어학원 강사
성균관대학교 국어국문학 박사

유하라
성균관대학교 성균어학원 강사
성균관대학교 국어국문학 박사

정영미
성균관대학교 성균어학원 강사
건국대학교 국어국문학과 박사 과정